学点用得上的销售常识

XUE DIAN
YONG DE SHANG DE
XIAOSHOU
CHANGSHI

张 群／著

中国华侨出版社

同样是做销售，为何别人接连获得订单，而你却一直在吃闭门羹？

约谈客户，滔滔不绝、口若悬河，客户却并不买账。

只会复读机式的推销模式，对所有客户重复同样的介绍，采用相同的推销步骤。

做了很多年销售，也一直很努力，可是一谈到销售，却依然一头雾水，不知该从何着手。

……

销售，简单来说，就是卖东西，但将东西成功卖出去却并不简单。很多人认为，销售凭借的是一张好嘴，会说、敢说就能成为好销售。然而，无数失败的销售经验告诉我们，这是个假命题。口才不是销售能力高低的决定性因素，它只是销售系统中的一部分，顶尖销售的成功靠的是强大的心理素质，以及科学、系统的技巧。不了解销售的常识，任你口吐莲花，同样拿不到订单。

销售的终极意义在于把东西卖出去，将订单拿到手。当前，市场格局已经由卖方市场转变为买方市场，客户成为销售活动的绝对主人。他们不再被随随便便的介绍打动，不再轻信销售者口中的"神奇功效"，虚假的优惠活动会被他们一眼看穿并从此拉入黑名单。现如今，销售者在与客户打交道时，往往会出现如下疑问：

为什么客户不信任我，不欢迎我？

为什么客户对我的产品不感兴趣？

为什么客户看起来很感兴趣，却迟迟不做出购买的决定？

为什么无法与客户保持长久的合作关系？

……

所有问题的矛头都在指向销售者无法满足客户的需求。市场格局的转变加大了销售难度，同时，也将成交矛盾变为满足客户的需求。如果销售者意识不到这一点，依然从卖方角度向客户推销，交易便难以达成。

与此同时，互联网的兴起对传统销售模式发起了冲击。当人们对营销的参与度越来越高，购买商品的平台越来越广泛时，销售人能否适应这一新浪潮，利用网络模式打造高销量，是现代销售人面对的另一个挑战。

对销售的曲解让许多企业和销售人走了很多弯路，从浩如烟海的销售知识中学到真正用得上的技能才能使企业和销售人快速成为市场的有力竞争者。本书详细阐述了销售人员应具备的基本素质，从"客户"角度展开，对开发客户、拜访客户、维护客户、有效沟通等销售环节的关键点进行了细致的介绍，并对口碑营销、电子商务营销等新销售模式做了介绍，是一本销售人员可以随时用、随时学的实用性指南。

目录
Contents

第一章　心理素质

——销售不能仅靠一张嘴

1. 推销产品前，成功推销自己 ································ 003

2. 不想成功的销售者，成不了顶尖销售 ············· 005

3. 对销售保有热忱，并将其传递给客户 ············· 008

4. 你不自信，顾客就不会相信你的推销 ············· 011

5. 对开发客户持有主动性 ································ 013

6. 胆怯心理：是成为顶尖销售的最大障碍 ········· 015

7. 不给自己的能力设置上限 ···························· 017

8. 把被拒绝设置为工作常态 ···························· 019

第二章　销售形象

——开口之前，你看起来像个资深销售吗

1. 销售行业处处"以貌取人" ···························· 023

2. 气质修养也是一种自我推销 ························· 026

3. 在会推销之前，学会微笑 ···························· 028

4. 推销礼仪绝不是一桩小事 ···························· 030

5. 充分发挥肢体语言的作用 ···························· 032

6. 真诚都是相互的，对客户表达真诚……………… 035

7. 约见客户必须注意的形象细节……………… 037

第三章　客户类型

——用同一套方法面对所有客户，行不通

1. 理智型客户：采取坦率、直接的交流………… 043

2. 任务型客户：在第一印象上下功夫…………… 046

3. 主人翁型客户：以价格为突破口……………… 048

4. 抢功型客户：以其需求为第一要求…………… 050

5. 吝啬型客户：突出产品的性价比……………… 053

6. 刁蛮型客户：销售者的所有行为要以流程为基准 056

7. 综合型客户：了解客户心态在先，行动在后…… 058

8. 潮流型客户：赞美是接近的最佳方式………… 060

第四章　客户需求

——客户都是任性群体，买的就是高兴

1. 满足客户需求，才能成交……………………… 065

2. 第一句话就抓住客户的心……………………… 068

3. 人人都希望被赞美……………………………… 071

4. 赠品与优惠，创造客户的被尊重感…………… 073

5. 微笑服务，人们拒绝为冷漠埋单……………… 076

6. 说客户感兴趣的话题…………………………… 079

7. 帮客户买东西，而不是只为自己赚钱…………… 082

8. 多听少说，需求都是客户自己说出来的………… 085

9. 要善于拜客户为师 ………………………………… 089

10. 回归产品本质，从实用性角度出发 …………… 091

第五章　电话推销
——你为何总吃"闭门羹"

1. 打电话之前，千万别怕…………………………… 097

2. 客户喜欢听到有力的声音………………………… 101

3. 开场白，寻找有效的切入点……………………… 103

4. 如何通过提问吸引客户…………………………… 106

5. 如何跨过秘书，找到直接负责人………………… 110

6. 利用最佳 3 分钟完成开场、邀约、结束语……… 113

第六章　拜访客户
——第一印象决定成败

1. 第一印象 7 秒钟就形成…………………………… 119

2. 拜访前，确保仪表大方、整洁…………………… 122

3. 面谈时，保持恰到好处的举止…………………… 125

4. 通过走姿体现你的自信…………………………… 129

5. 交换名片的礼仪与方法…………………………… 131

6. 不要迟到，迟到是拜访大忌……………………… 135

第七章 拉近客户

——会赞美，滔滔不绝不如画龙点睛

1. 赞美不是虚伪，是迈出真诚的第一步 …………… 139

2. 赞美简单，赞美得恰到好处很难 ……………… 141

3. 挖掘出客户身上的潜在优点 …………………… 143

4. 赞美客户的"表里不一" ……………………… 146

5. 发现客户好的变化要予以赞美 ………………… 148

6. 借他人之口赞美客户 …………………………… 150

7. 要学会得体地赞美对方 ………………………… 152

第八章 销售抗拒

——客户有戒心，你该怎么办

1. 透过"非言语讯息"向客户传达信息 …………… 157

2. 用对方的"频道"进行沟通 …………………… 161

3. 所表达的信息要让客户有认同感 ……………… 164

4. 利用通用话题与客户"混熟" ………………… 168

5. 建立信任感的首要步骤是倾听 ………………… 171

6. 简明的语言更具影响力 ………………………… 173

7. 适当施加压力可促进成交 ……………………… 174

8. 以优质服务提升满意度 ………………………… 176

9. 用一流的产品和服务吸引客户 ………………… 178

第九章　产品推介

——重点不是说得好，而是客户听得进

1. 介绍产品可解决的实际问题⋯⋯⋯⋯⋯⋯⋯⋯　183

2. 专业，才更容易被接受⋯⋯⋯⋯⋯⋯⋯⋯⋯　186

3. 如何塑造产品区别于同类的优越性⋯⋯⋯⋯⋯　188

4. 幽默的陈述更吸引人⋯⋯⋯⋯⋯⋯⋯⋯⋯⋯　190

5. 强行推销不如巧妙引导⋯⋯⋯⋯⋯⋯⋯⋯⋯　191

6. 不要喋喋不休，更不要贬低对手⋯⋯⋯⋯⋯⋯　193

第十章　有效说服

——拒绝与抱怨的背后是成交的机会

1. 发现问题：客户为什么会拒绝⋯⋯⋯⋯⋯⋯⋯　197

2. 就事论事，争论会让情况恶化⋯⋯⋯⋯⋯⋯⋯　198

3. 客户的抱怨是产品提高的机会⋯⋯⋯⋯⋯⋯⋯　201

4. 使用积极的字眼，正面引导客户⋯⋯⋯⋯⋯⋯　203

5. 将产品特征转述为实际的便利⋯⋯⋯⋯⋯⋯⋯　205

6. 引导客户说"是的"⋯⋯⋯⋯⋯⋯⋯⋯⋯⋯⋯　208

第十一章　促进成交

——如何让客户主动埋单

1. 顺势借力，让他人成为自己的"营销助手"⋯　211

2. 巧妙反问，化解客户的质疑　⋯⋯⋯⋯⋯⋯⋯　213

3. 面对客户，先了解其购买动机 ·············· 215

4. 及时捕捉成交的信号 ·············· 218

5. 免费试用，为顾客带来安全感的成交策略 ··· 220

6. 在讨价还价中如何实现双赢 ·············· 222

第十二章　口碑传播

——全民参与营销的互联网时代

1. 互联网实现产品口碑急速传播 ·············· 233

2. 电子邮件营销，不是发发邮件那么简单 ······ 236

3. 博客口碑营销作用大 ·············· 244

4. 微博口碑营销，人人都是营销专家 ·············· 248

5. 微信口碑营销，途径更加多样化 ·············· 251

6. 其他网络口碑营销工具 ·············· 254

第十三章　电商营销

——在新浪潮中站稳脚跟

1. 建立网店信誉，信誉是商家的外在形象 ······ 259

2. 确定营销的目标人群 ·············· 261

3. 多渠道发布商品信息 ·············· 263

4. 维护客户资源，将新客户发展为老客户 ······ 266

5. 促销，必不可少的电商营销策略 ·············· 270

6. 包邮及赠送礼品的策略 ·············· 274

7. 建立良好的客服群 ·············· 276

第一章

心理素质
——销售不能仅靠一张嘴

成熟的心理素质是一个优秀推销员的必备条件。推销员只有在心理上成熟，其在社会大众面前开展的推销行动才能够成功。优秀推销员所具备的心理素质一般包含强烈的推销欲望、热情、自我推销能力、充分的自信、勇于创新等各个方面。具有较强成就动机的个人往往能够根据条件的变化，采取最有效、最能够发挥个人作用的方法处理问题。业绩优秀的销售员都拥有强烈的企图心、强烈的赚钱欲望，工作时总是全力以赴，他们理应获得丰厚的报酬。

1.
推销产品前，成功推销自己

日本销售大师原一平在 27 岁时进入保险公司开始推销生涯。当时，他穷得连饭都吃不起，而且露宿公园。但是一位老和尚的话改变了他的一生。有一天，他向一位老和尚推销保险，老和尚平静地说："你的介绍无法引起我投保的兴趣。人与人之间，像这样相对而坐的时候，一定要具备一种强烈的吸引对方的魅力，如果你做不到这一点，将来就没有什么前途可言了。"老和尚又说，"年轻人，先努力改造自己吧！"

销售行业是人与人打交道的事业，是你主动寻找顾客的事业。如果消费者连你这个人都无法接受和依赖，他就不可能成为你的顾客，所以在销售行业中有句名言："推销员在推销出自己的产品之前，首先推销的应该是自己！"

第一流的推销员究竟在哪一点上与其他推销员不同呢？那就是，他们具有卓越的推销自身的能力。拥有众多顾客的推销员，与其说是推销商品，倒不如说是首先在推销自己。对于推销员来说，自我推销是非常重要的一点，始终坚持以自我推销为先，才能够取得成功。自我推销法是推销的最主要方针。你销售商品，但仅仅依靠商品是不会使顾客动心的，而恰恰因为这是你的商品，顾客才愿意购买。

是的，只有把自己推销给客户，才会有进一步向客户推销产品的可能。

乔·吉拉德是世界著名的推销大师，他在 15 年的时间里总共销售了13001 辆（每次只卖一辆）汽车。这项纪录被《吉尼斯世界纪录大全》收入，他本人也被誉为"世界上最伟大的推销员"。乔·吉拉德 49 岁时便退休了。

那时他连续 12 年荣登《世界吉尼斯纪录大全》世界销售第一的宝座；他所保持的汽车销售世界纪录：连续 12 年平均每天销售 6 辆车，至今无人突破。他也是全球最受欢迎的演讲大师，曾向众多世界 500 强企业的精英传授他的宝贵经验，来自世界各地数以百万的人被他的演讲、他的事迹所激励。35 岁以前，乔·吉拉德是个全盘的失败者，他患有相当严重的口吃，换过几十个工作仍一事无成，甚至当过小偷，开过赌场。然而，谁能想象得到，像这样一个谁都不看好，而且背了一身债务、几乎走投无路的人，竟然能够在短短三年内爬上世界第一销售的位置，并被《吉尼斯世界纪录》称为"世界上最伟大的推销员"。无论在哪，人们都会问乔·吉拉德同一个问题：你是怎样卖出东西的？他的回答是：生意的机会遍布每一个细节。多年前他就养成一个习惯：只要碰到人，左手马上就会到口袋里去拿名片。他到处用名片，每次付账时，他都不会忘记在账单里放上两张名片。去餐厅吃饭，他给的小费每次都比别人多，同时放上两张名片。出于好奇，人家都要看看这个人是做什么的。人们都在谈论他，想认识他，并根据名片来买他的东西，经年累月，生意便源源不断了。

"给你一个选择：你可以留着这张名片，也可以扔掉它。如果留下，你知道我是干什么的、卖什么的，必要时可以与我联系。"所以，乔·吉拉德认为，推销的要点并非推销产品，而是推销自己。

2.
不想成功的销售者，成不了顶尖销售

推销员总是会感到有一些微妙的东西存在，这些东西对他的销售能力有重大的影响，只是这些东西若隐若现，难以琢磨。心理学家大量的研究表明，人的社会性动机其实就是这样的因素。

世界著名的心理学家、哈佛大学教授麦克里兰博士在《人类动机》一书中指出，社会性动机对销售业绩有直接的影响。社会性动机包括成就性动机、亲和性动机、影响性动机。根据他的研究，高成就性动机与出色的销售业绩直接相关。

按照麦克里兰博士的定义，动机反映了个人追求特定目标状态的内在欲望或需求，例如品尝美味的食品、创造出与众不同的产品或方法、得到大家的爱戴等。一个人针对某个目标的动机越强，他希望达到目标的愿望或内在动力也就越强，他就越有可能为实现目标自发地采取相应的行动。

研究结果表明，销售人员的动机特征与销售业绩有直接的联系。成就动机比较强的个人，有较强的内在动力推动他去实现自己所追求的目标。另外，具有较强成就动机的个人讨厌按部就班地做事，往往能够根据条件的变化，采取最有效、最能够发挥个人作用的方法处理问题。因此，销售工作的这种特征正好迎合了具备一定强度的成就动机的个人。成就动机使他们在追求目标的同时，保持机动灵活，采取适合具体条件的行动去实现目标，而不是死守教条。

如果一个销售员因为找不到工作才加入销售的行列中，销售只是他在过渡时期的选择，那么在这样的状况下，要求他面对自己，不断地调整，恐怕是一件很难的事。很多公司销售人员的流动性很大，基本上都是因为他们没有下定决心做销售，业务提成高不见得就能留住人，关键在于他们到底有没有下定决心从事销售工作。"试试看"是很多人刚刚进入销售行业时的心态，这些人觉得如果不行的话就离开，但他们忘记了一点：销售人员跟公司内部的行政人员是不同的，行政人员领的是固定工资，而销售人员除了基本工资之外还有额外提成。为什么要让销售员有提成呢？因为他们必须要面对市场上的种种挑战，面对陌生人的恐惧，面对拒绝、挫折甚至客户的不理不睬，他们的心情可能会跟坐过山车一样起起伏伏，有成交时的喜悦，也有面对耕耘而没有收获的失落。一个成功的销售员必须不断地超越自己，从而获取高报酬。但不是每个销售员都会有收获，因为很多没有下定决心闯过难关的人，会在考验的过程中被淘汰出局。

优秀销售员的成功欲望，多来自现实生活的刺激，是在外力的作用下产生的，而且不是正面的、鼓励型的。刺激的发出者经常让承受者感到屈辱、痛苦。这种刺激经常在被刺激者心中产生一种强烈的愤懑与反抗精神，从而使他们做出一些"超常规"的行动，焕发起"超常规"的能力，这大概就是孟子说的"知耻而后勇"吧。一些顶尖销售员在获得成功后往往会说："我也没有想到自己竟然还有这么两下子。"

成功的欲望源自于你对财富的渴望，对家庭的责任感，对自我价值实现的追求。不满足是向上的车轮！他们因欲望而不甘心，而行动，而成功，他们想拥有财富，想出人头地，想获得社会地位，想得到别人的尊重。

强烈的企图心就是对成功的强烈欲望，有了强烈的企图心才会有足够的决心。这是成功的法则。

每一件事、每一项工作都会有其特定的最好结果，这个最好结果就是我们做这件事、这项工作所期望达到的最终目标。在开始做事之前，只要明确地记住最终目标，就能不管哪一天、干哪一件事，都不违背你为之确定的最重要的标准，且所做的每一件事都会为这个最终目标做出一定的贡献。

不同的选择，决定不同的命运。一流的信息、一流的观念创造一流的财富。推销员应该是博学之人，有必要利用一切手段，并以最新的资讯来武装自己；相反，如果目光短浅、容易满足，就会给自己的发展带来重重阻碍。

一些大公司在招聘销售人员的时候，总会问这样一个问题："你为什么要做销售员？"对于这个简单的问题，大部分的应聘者会回答"我喜欢这个有挑战性的工作"、"为了实现自己的梦想"等等。做出这样回答的应聘者一般是不会被录取的。相反如果应聘者说"为了赚钱"，招聘者反而会露出满意的笑容，祝贺他被录用。

说"为了赚钱"似乎有点俗，但为什么被录用了呢？这是因为从这个回答中，招聘者能够看到应聘者所拥有的强烈的企图心。

拿破仑曾说："不想当将军的士兵不是好士兵。"这句话套用到推销员身上，就可以这样说："不想赚大钱的推销员不能成为一个顶尖的推销员。"

事实也确实如此，一个不想赚大钱的推销员一般都不能创造良好的业绩。有两个推销员，他们分别来自两个不同的公司，但销售的产品和活动的区域却是一样的。一年下来，其中一个比另一个卖出的东西要多3至4倍。为什么会这样？因为业绩优秀的那个推销员拥有强烈的企图心，有强烈的赚钱欲望，工作时总是全力以赴，结果，他理所当然地获得了丰厚的报酬；另一个人得到的报酬只能维持他的生活之用，因为他的欲望太小，没有强烈的企图心。

3.
对销售保有热忱，并将其传递给客户

销售人员经常被人称作"热情的传递者"。对于你要推销的产品，你越是充满热忱，越是充满信心，就越能够用这种热情去感染人，从而使你的客户真切地感受到你的这份热忱，并接受它。事实往往是如此，拥有无比的热忱，且以坚韧不拔的信心贯注于行动，众多看似才能平平的推销员，却比那些天分较高的推销员创下更好的成绩。因为他热衷于自己的推销，那一股热忱自然而然地感染了消费者，使消费者在不知不觉中产生了购买欲望。

成功者对待任何人指派的工作都会全力以赴，失败者只挑自己喜欢的工作发挥才能。业务人员不能把东西销售出去，是因为他没有把自己销售出去——你不可能引燃别人心中的热切之火，假如你自己的内心仍充满冰凉的疑惑。

所以，销售员必须对自己的工作充满热情。如何保持自己的热忱度呢？有两种方法可以借鉴：一是多多了解自己的产品；二是相信自己的产品会给客户带来许多好处。

人们做每一件事或者说每一句话都是先从自己的情感角度出发的。我们知道，你越是喜欢自己的工作，就越在乎它。如果你对公司、公司的产品和服务倾注足够多的心血，你会很自然地从心底里在乎你的客户；而你一旦从心底里在乎你的客户，你就会悉心地帮助客户在采购方面做出明智的选择，这必将让客户满意你的服务，带来更大的销售潜力。

所有顶级的销售人员都很热爱自己的工作，他们的客户在与交往中也切身感受到了这一点。其结果是，这些客户不止一次购买他们的产品，还愿意一而再，再而三地购买他们的产品，并且将他们的产品推荐给其他朋友。

态度是一般销售人员与优秀销售人员产生区别的重要因素。这不仅存在于销售中，在生活中任何领域都存在。人们可以想想自己周围最快乐、最成功的人平时的表现——他们精神振奋、面带微笑，积极地对待生活。

为什么不将销售看作是个人爱好，赋予其热情、期待、乐趣呢？为什么不考虑从个人爱好中获利，销售你的个人成果以及你自己呢？

工作和个人爱好之间的区别是：工作缺乏感情的投入。多数对工作不抱幻想的人对工作中发生的情况漠不关心、无动于衷。他们很少积极主动地参加企业的业务活动，很少主动与其他人联系、接触。

学会把兴趣带到工作中，那么工作也会给你带来乐趣。你一定能够从工作中发现一点点的乐趣，即使它是冰冷的话筒或者商务名片，在你的谋生手段中，一定有你喜欢的一方面。

那么，有什么方法可以让推销员对自己的工作激发出热忱与自信呢？下面几种方法可以一用。

（1）随时养成坐到前面的习惯。任何集会的时候，后面的座位都会先坐满。大部分人喜欢坐在后面，或许是因为不愿意太显眼，可是要知道，这种态度会使自己显得畏缩不前，在别人看来，这就是态度消极，热忱不足。如果养成主动坐到前面的习惯，这个态度就会带给我们热忱与自信。

（2）养成凝视着对方交谈的习惯。凝目注视对方，等于告诉对方："我是正直的人，对你绝不隐瞒任何事。我对你说的话，是我打心底里相信的事。我没有任何恐惧感，我对自己充满了信心。"

（3）走的速度比别人快20%。以比别人快20%的速度走，到底意味着什么？心理学家说，一个人改变动作的速度，就能把自己的态度一起改变。走路比一般人略快的人，等于告诉所有的人："我正要赶到有要事待办的地方。我必须去做很重要的事，不仅如此，我要在到达之后15分钟内把那件事办成功。"

（4）主动发言。在会议上，你必须养成主动发言的习惯。越能主动发言，热忱与自信也就越能"如影随形"，有增无减。这种现象会使你更容易继续与对方谈下去。

（5）大方、开朗地笑。当你笑时，请别忘了要大方、开朗。诚心不足的笑，或是半途刹住的笑，必须被列为禁忌。大方笑到露牙，这种笑才能吸引对方，使对方产生好感。

4.
你不自信，顾客就不会相信你的推销

一个拥有自信的推销员，也就成功了一半。

乔·吉拉德 35 岁时，他之前的事业在一夜之间破产，变得一无所有，负债达 6 万美元之多，家里连一点吃的都没有，两个年幼的孩子整日饿得嗷嗷叫。后来他重建信心，进入一家经销汽车的公司，承诺两个月内将打破公司中最佳推销员的记录。"刚开始的第一次推销是最辛苦的。一旦成功，以后的发展便看你自己的了——我对自己说。就在那时我悟出了一个伟大的真理：信心产生更大的信心。那是我爬向人生高峰的开始……两个月内，我真的实现了自己许下的诺言，我打破了公司中所有推销员的业绩，并偿还了 6 万美元的负债，同时也找回了自尊。信心产生信心，我再次确认这句话对我产生的力量。一年内，我的汽车销售业绩达到了 1425 辆，我终于从失败转而成为世界上最伟大的汽车推销员。"

当你和客户会谈时，言谈举止若能表现出充分的自信，就会赢得客户的信任；客户信任了你，才会相信你的商品说明，从而心甘情愿地购买。通过自信，才能产生信任，而信任则是客户购买你的产品的关键因素。

有一句古老的推销格言：一项成功的推销要使你的推销对象对你、你的公司和你的产品树立起一定的信心。如果一个客户能在以上三个方面都形成一定的信任的话，买卖成功自然就是水到渠成的了。

要记住，你的自信心会影响到你的客户，所以时时建立自信，用自信扫除成功路上的一切障碍——这是战胜一切的诀窍。

你把自己看成是什么样的人，你就会成为什么样的人。你的自我形象，也就是你内心深处对自己的看法，这会对你的外在表现有很大的决定作用。

博恩·崔西给推销员们的建议是："从现在起，请将你自己看作是一名顾问吧。让你的言行举止都好像是一名顾问的样子。穿着打扮、行头装备都像是一个拿高薪的高级顾问的样子——因为你确实是你所在领域的专家。所以，当人们问起你的职业时，请你骄傲地告诉他们：我是一名顾问。"一位从事屋顶材料销售的经理了解到这个规律之后，回到办公室里，将所有的写有"销售人员"的名片全部换掉，新名片上写着"室外材料咨询顾问"。此后不到一个月的时间里，他整个公司的工作氛围已全然改变，销售员们相互之间的交往也开始有别于以往，而当销售人员都将自己看作是咨询顾问时，他们在客户面前也有不同于以往的表现。这个变化发生之后的第一个月，他们公司的销售额就提高了 30%。

事实上，我们每个人的身上都存在这种两面的力量——信心和害怕。人人皆有，只是程度有所不同罢了。在你建立信心时，不能老想着"以后再做"，因为根本没有明天这回事，今天决定了你的明天。

所以，你要立即行动，将害怕、怯懦的思想从心中永远地除去，下面几种方法曾帮助我消除恐惧，增加了自信和勇气，我想它也一样会帮助你。

（1）相信自己——告诉自己"我能行"，把这句话写在你浴室的镜子上，每天大声喊上几遍，让它们浸入你的心灵。

（2）结交乐观自信的人——这样的人能带给你积极向上的奋斗动力，任何时候你都不要畏惧失败。

（3）坚定信心——信心会让你产生更大更强的信心，这种力量能促使你走向成功。

（4）主宰自己——汽车大王亨利·福特曾说过，所有对自己有信心的人，他们的勇气来自于面对自己的恐惧，而非逃避。你也必须学会这样，坦诚面对你的自我挑战，主宰你自己。

（5）勤奋工作——无论你从事什么工作，要想有所作为，只有踏实勤奋才能向成功靠拢。

5.
对开发客户持有主动性

采取主动并不表示要强求、惹人厌烦或具有侵略性，只是不逃避为自己开创前途的责任。要取得推销的成功，一定要主动去敲市场的门，坚持不懈地推销自己的卖点。

人生的道路尽管很漫长，但要紧处就那么几步。对于人生而言，奋斗固然重要，但能否抓住机遇也是十分关键的。市场从来不会主动找上门来，需要我们去敲开它的门。

我们可以从上一节提到的乔·吉拉德身上学到最大的主动性。

乔·吉拉德35岁时倾家荡产，如果第二天再没有钱，家里所有的人会继续饿肚子，甚至饿死。第二天，乔·吉拉德去了一家汽车销售公司。他主动强调可以免费工作。虽然他很有诚意，很有信心，但由于对汽车不了解——他对汽车的了解还不如他的顾客，因此第一天当太阳西沉、夜幕降临的时候，他连一辆汽车都没有卖出去。但这时，一位衣着华丽的妇女向对面的汽车行走了过去。如果站在乔·吉拉德的位置，很多人往往会有两种表现：一种是念咒语：转过来，转过来……一直到对方进到对面的汽车行；另一种是诅咒：哼，去那里吧，一定买最差的汽车，一定是的，笨蛋！但乔·吉拉德却不会，他迅速跑了出去：注意，不是去抢劫，也不是无礼地拦住别人，而是很有礼貌地伸出手臂，说道："尊贵的夫人，我叫乔·吉拉德，是卖汽车的，请听我说，我知道您想要买汽车，请您到我们的汽车行买可不可以？"那位夫人说道："对不起，我就是想去这里买的（指着面前的车行）。""对不起，尊贵的夫人，请相信，对于汽车的了解也许我不如那家车行的销售员，但对于服务，我会是这个世界上最好的服务员。您一定是想买最好的汽车，同时享受与您的身份匹配的最好的服务！"那位夫人还有点犹豫，乔·吉拉德接着说了自己目前失业的状况，终于打动了那位贵夫人。贵夫人点了点头，到了乔·吉拉德服务的车行，最终在他优质的服务下买了一辆汽车。

众多的调查研究表明，成功的推销员都有一个共同的特点，即都具有奋发向上、不断进取的心态。这是成功最重要的因素。

奋发向上、不断进取的人能不断地为自己树立新的目标，并把它们转化为自己成功的原动力。无论他身处何种境地，都会尽心尽力，力争完美。在他身为推销员时，就时时为登上推销冠军的宝座而努力，最终他会获得成功。

那么，如何才能做到奋发向上，成为一名成功的推销员呢？

首先要培养敬业和专业的精神。一个奋发向上的人，无论何时何地都会重视自己正在从事的职业，并从内心深处树立起一种职业的自豪感。与此同时，对自己工作中所遇到的无论多么细微的事情，他都会全力以赴。

其次要对自己高标准、严要求。每时每刻都要对自己提出更高的标准和更严格的要求，这可以从生活中的各个方面来进行。它可以是提高一定百分比的销售额，也可以是提高一点利润，增加一些洽谈成功的机会，甚至只是提高你写字、吃饭或者走路的速度。这些日常生活方面的要求，看起来似乎与推销工作风马牛不相及，但久而久之，你就会培养出一些有助于成功的良好习惯，使你的推销更富有效率。

最后要养成勤劳和认真的习惯。成功的推销员要脚勤、口勤，要勤跑动，要经常去拜访每一个可能成为自己客户的人。他时时都会比别人先迈出一步，因为他深知在各种竞赛中，冠军和亚军之间常常只有几秒之差、几厘之距。因此，凡事他都会在开始之前就准备妥当，随后满怀信心地去做。

6.
胆怯心理：是成为顶尖销售的最大障碍

害怕自我推销的行为，在职业销售方面就表现为拜访客户时的胆怯。它以多种形式出现，会给职业销售人员的绩效带来不同程度的损害。

Sally 目前正在准备一份销售计划，两天之后将向一名新的潜在客户推介。该计划她已经修改了 10 多次，现在又在检查打印件是否有错误。随后，她还将再次准备如何演示，并将要点写到便笺条上，以备实际运用或演练使用。所有这些都在销售工作日进行，而销售工作日是她与新的潜在客户接触的唯一时间。这种总在做准备但很少付诸实践的倾向，是一种拜访胆怯心理的表现形式，被称为"过分准备"。

Ryan 总是努力向他的客户和潜在客户展示最佳形象。他气度不凡，作风专业，资料和交通工具也准备得一丝不苟。比如，今天下午出去与潜在客户会面时，他会将他的小车里里外外清洗干净以保持他的形象，但因此牺牲了和客户面谈的时间。这也是销售拜访中胆怯的一种趋向，被称为"过度专业"。

Judy 的产品特性与价格，要求她必须与潜在客户的行政总裁接触。对于这一点她感到很不安，因此她很有创造性地进行工作，开始与采购代理、人力资源经理和其他愿意与她交谈的任何人打交道。她很容易就与这些人建立了融洽的关系，但不知怎的，她总是不能接触到总裁或老板。不幸的是，除非特别例外，只有最上层的人才能决定购买她所推销的东西。Judy 有一种"社交自卑意识"的倾向，这是销售拜访中胆怯心理的另一种形式，其标志是不情愿与处于社会经济高层或掌权的人物接触。

Jack 销售的是金融产品。他知道，通过举办免费研讨会向潜在客户宣传的方式效果最好。他看到与其职位相当的同事在一次又一次举办研讨会后销售额不断攀升。尽管如此，他还是坚持每次只接触一名潜在客户，一对一地推销他的产品。他这种不愿当众推介的倾向是销售拜访中胆怯心态的另一种形式，被称为"怯场"。

胆怯、怕被拒绝是新销售员常见的心理障碍，通常表现为：外出拜访怕见客户，不知道如何与客户沟通；不愿给客户打电话，担心不被客户接纳。

销售的成功在于缩短和客户的距离，通过建立良好的关系，消除客户的疑虑；如果不能与客户主动沟通，势必丧失成功销售的机会。

销售人员需要克服胆怯。一位销售经理曾这样说："如果我的业务员问我怎样克服胆怯害怕的心理，我通常建议他尝试做一件事：找机会多参加大型的集会。先别忙着找座位，待到主持人宣布活动正式开始时，你再鼓足勇气径直走到前台一二排嘉宾席或领导席，寻个空位子坐下。甭担心，那地方一般都会有不少空座位，来宾彼此也未必全认识，无法识破你是一个无关紧要的局外人，出于礼貌，他们还会跟你客气，与你搭讪。"

胆怯并非全来自外界的强大威胁，更多的时候源于自身的虚幻压力和对能力的怀疑。人或多或少都会有些惰性，自卑心理无时不在暗示我们，威胁无处不在。有了这样的幻觉，胆怯便会乘机膨胀起来，并且被放大到夸张的程度，令人失去信心，这样放弃便有了可下的台阶。不可为而为之是鲁莽，可为而不敢为便是怯懦了。还是让我们记住西德尼·史密斯说的一句话吧："大量的人才失落在尘世间，只因缺少一点儿勇气。"

英雄和懦夫的区别就在于，英雄比懦夫多了几分钟的勇敢罢了。普通人会从令人恐惧的境地绕路走开，避免自己心生恐惧；而勇敢的人则强迫自己去迎战恐惧，去做那些让普通人恐惧的事。

7.
不给自己的能力设置上限

人们常说，无限风光在险峰。攀登险峰就得去探索，去尝试。

有时，采取行动意味着做一些我们以前从来没有做过的事情——尝试新的事情，以新的方式沟通，来扩展我们的技能。

如果我们生活在自己的"安乐窝"里，会感到舒适、安全，可以重复着做过的、得心应手的事情，用我们惯用的方法与人沟通，至少我们知道结果会怎样。我们也无须挑战自己的自我形象或者我们的技能水平。但是，如果我们老是宅在自己的"安乐窝"里，也不会取得任何进步。正如谚语所说：如果我们老是在重复做相同的事情，我们的生活就一直不会有什么变化。离开我们的"安乐窝"可能会使我们感到不适应，因为我们是在冒险，没有成功的保障，我们所知道的仅仅是通过尝试做不同的事，我们将得到不同的结果。

布鲁金斯学会创建于 1927 年，以培养世界上最杰出的推销员著称于世。它有个传统：在每期学员毕业时，都会设计一道最能体现推销员实力的实习题，让学生去完成。克林顿当政期间，他们出的题目是：请把一条三角裤推销给现任总统。8 年间，有无数个学员为此绞尽脑汁，最后都无功而返。克林顿卸任后，题目被改成：请将一把斧子推销给小布什总统。前 8 年的失败与教训让许多学员都知难而退了。

然而，推销员乔治·赫伯特却做到了，并且没有花多少工夫。他说：我认为，将一把斧子推销给小布什总统是完全可能的。因为小布什总统在得克萨斯州有一座农场，那里长着许多树，于是我给他写了这样一封信：

"有一次，我有幸参观您的农场，发现那里长着许多矢菊树，有些已经死掉，木质已变得松软。我想，您一定需要一把小斧头，但是以您现在的体质来看，这种小斧头显然太轻，因此您仍然需要一把不甚锋利的老斧头。现在我这儿正好有一把这样的斧头，它是我祖父留给我的，很适合砍伐枯树。倘若您有兴趣的话，请按这封信所留的信箱，给予回复……"

最后，小布什总统给乔治·赫伯特汇来了 15 美元。

乔治·赫伯特成功后，布鲁金斯学会在表彰他的时候说："金靴子奖已经设置了 26 年。26 年间，布鲁金斯学会培养了数以万计的推销员，造就了数以百计的百万富翁。而这只金靴子之所以没有授予他们，是因为我们一直想寻找这么一个人——这个人从不会因为有人说某一目标不能实现而放弃尝试，从不会因为某件事情难以办到而失去自信。"

8.
把被拒绝设置为工作常态

被顾客拒绝一次，10 个推销员中有 5 个会从此打住；被拒绝第二次，5 个人中又少掉 2 个；被拒绝第三次，就只剩下一个人会做第四次努力了，这时他已经没有竞争对手了。

一位保险公司总经理用"50—15—1"原则来激励推销员们坚持不懈地努力。所谓"50—15—1"是指每 50 个业务电话，只有 15 个对方有意和你谈谈，这 15 个人里面只有 1 个人去向你买保单。没有坚持不懈的精神，哪来良好的业绩？

成功的推销员是屡败屡战的，他们不相信失败，只认为成功是一个阶段，失败只是成功过程中出现的不正确方式。短暂的失败，使他们学会了更好的方法，促进自己进步。不断地进步，不断地改善，一次又一次地从头开始，便有了最后的美好结果。一位生意场上的高手说得好："一份心血一份财，心血不到财不来。"

有这么一个童话，说明了恒心的重要性。

很久很久以前，在遥远的北方有一位美丽的女神，她的名字叫凡娜吉斯。一天，有人来敲她的门，敲得很轻，声音里带着点犹豫。这时女神正躺在安乐椅上，她想："让他再敲一会儿吧！"

不一会儿，敲门声消失了。

女神感到很奇怪："这个客人到底是谁呀！这样犹豫不决。"她奔到窗口一看，只见敲门的客人已经走了。

女神说："啊，原来是维勒，他是这样漫不经心，让他空跑一趟吧！"

过了不久，女神又听到了敲门声。这个人敲得很热心、很坚决，耐心地敲了很长时间，一直敲到女神动了心，开门迎接他。

这位客人又是谁呢？他就是肖夫斯特姆。女神爱上了他，最后与他结婚生子。

做销售和做人一样，要坚持才能走出自己的路子。销售不是今天你来了，今天你就会有收获，而是在一个又一个深陷的泥潭中挣扎出来的。也许坚持未必会胜利，可是你不坚持就只有失败。投降是懦弱者想出来的妥协办法，举起白旗只因为心中的激情已经退去，所以他也只能在平庸羞辱中过完自己的下半生。

一个成功的销售人员会不以物喜、不以己悲。胜利固然是好的，但不是终点，而是另一个胜利或是失败的开始；失败也不用悲伤，因为那预示着下一个成功的到来。销售人员随时经受着被人拒绝或是放弃的痛苦和折磨，所以一个成功的销售人员必然是生活的强者，不会因为一点点的挫折就选择放弃。

做业务必须有耐心，不断地拜访，避免操之过急；必须从容不迫，察言观色，并在适当的时机促成交易。客户拒绝时，切勿泄气，要进一步努力说服客户，并设法找出客户拒绝的原因，再对症下药。

下面有几种锻炼恒心的方法，大家可以借鉴。

（1）把每天的努力当作用双拳向一棵大树的一击，第一击可能不会使这棵大树震动，第二击也不会，第三击也不会，但这棵树总有一天会倒下。

（2）愚公移山的精神（只要不断地反复去做，任何事情都可以成功）。

（3）绝不考虑失败（将"暂停"、"不能"、"没办法"、"不可能"、"有问题"、"未必成功"、"失败"、"没希望"以及"撤退"等字眼和词句从自己的词典里删除）。

（4）学会和运用别人在工作上胜过自己的秘诀（要努力尝试到胜利时才罢休，潜意识里绝不允许任何一天以失败收场）。

第二章

销售形象
——开口之前，你看起来像个资深销售吗

推销行业处处以貌取人，衣着打扮光鲜、有品位、格调高的推销员，往往占尽先机。当然，对推销员来说，最重要的是打扮适宜得体，这样才能得到顾客的重视和好感。适宜的衣着是仪表的关键，所以推销员应该注重服饰与装束。销售是一种动态性质的工作，是一种与人直接面对面的促销方式。正是基于这一点，销售人员的服饰、气质、微笑、礼貌、肢体语言、真诚及和蔼的微笑，往往直接影响到客户对销售的接受心理。本章就着重对以上几个方面进行剖析。

1.
销售行业处处"以貌取人"

有位资历颇深的营销专家告诫涉足营销界的同人们：在营销产业中，懂得形象包装，给人良好的第一印象者，将是永远的赢家。

弗兰克是一个出色的推销员。弗兰克在一次技术交流会上结识了一位经理，该经理对弗兰克公司的产品颇感兴趣。两人约定了时间准备再仔细商谈一下。前往公司的那一天下起了大雨，于是弗兰克穿上了防雨的旧西装和雨鞋出门。

弗兰克到那家公司后便递上了名片，要求和经理面谈，他等了将近一个小时，才见到那位经理。弗兰克简单地说明了来意，没想到那位经理却冷淡地说："我知道，你跟负责这事的人谈吧，我已跟他提过了，你等会儿过去吧。"

这种遭遇对弗兰克来说还是第一次，在回家的路上他反省着："是哪个地方做错了呢？"今天所讲的内容应该会跟平常一样魅力十足地吸引客户的呀！怎么会这样呢？他百思不得其解。

然而，当他经过一家商店的广告橱窗，看到自己的身影后才恍然大悟，立刻明白了自己失败的原因。平常弗兰克都穿得干净、潇洒，而又神采奕奕，而他今天穿着旧西装、雨鞋，看着就像落魄的流浪汉，更别提推销了。

推销大师法兰克·贝格曾说过，外表的魅力可以让你处处受欢迎，不修边幅的推销员在给人留下第一眼坏印象时就失去了主动。

推销行业处处以貌取人，衣着打扮光鲜、有品位、格调高的推销员，往往占尽先机。然而，这并不意味着打扮得越华丽越好。对推销员来说，最重要的是打扮适宜得体，这样才能得到顾客的重视和好感。适宜的衣着是仪表的关键，所以推销员应该注重服饰与装束。

服饰在个人形象里居于重要地位。伟大的英国作家莎士比亚曾经说："一个人的穿着打扮，就是他的教养、品位、地位的最真实写照。"在日常工作和交往中，尤其是在正规的场合，穿着打扮的问题正越来越引起现代人的重视。从这个意义上说，服饰礼仪是人人应该认真考虑、面对的问题。

有人以为服饰只要时髦、昂贵就好，其实不一定。合适的穿着打扮不在奇、新、贵上，而在于你的穿着打扮是否与你的身份、年龄、体型、气候、场合等相协调，最美的服装应该是"一种恰到好处的协调和适中"的服务。

俗话说，佛靠金装，人靠衣装。从某种程度上说，得体的衣着打扮对于销售人员的作用，就相当于一个赏心悦目的标签对于商品的作用。如果你在第一次约见客户时就穿着随便，甚至脏乱邋遢，那么你此前通过电话或者电子邮件、信件等建立的良好客户关系可能就会在客户看见你的一刹那全部化为乌有。你要想令客户对你的恶劣印象发生转变，那就要在今后的沟通过程中付出几倍的努力，更何况有时候不论你付出多少努力，客户都会受第一印象的左右而忽视你的努力。

在选择服饰时，销售人员应该注意一点，那就是不论任何服饰，都必须是整洁、端庄的，而且服饰的搭配必须和谐，千万不要为了追求新奇而把自己打扮得不伦不类。为此，销售人员实在有必要经常留心身边气质不凡的上司或同事，以及比较专业的杂志或电视节目等。

以下是衣着的七大原则：

不要吝啬：在你的经济能力范围之内买最好的衣服。质量好的衣服穿起来令你显得更帅，也较耐穿。你可以在上班、工作、宴会、旅行、休闲等不同时机选择不同服饰，但要多加选择搭配。

适合场合：你不能穿着牛仔装去见银行总裁，也不能穿着西装去踢足球。

定期烫洗：油污、斑点、皱褶对你的推销有很大影响，会令人厌恶。

小心收藏：好的衣服应该小心悬挂，以保持它们的形状。

选择饰物：粗俗的领带、过大的皮带、扣子，或过重的首饰，会分散别人对你本身的注意力。

鞋子搭配：鞋子和衣服的搭配要合适。而且在不同的场合和时间，鞋子也要注意有所选择。

鞋子保养：鞋子要擦得光亮，注意不要让鞋跟磨掉。

2.
气质修养也是一种自我推销

气质是指人相对稳定的个性特征、风格以及气度。性格开朗、潇洒大方的人，往往表现出一种聪慧的气质；性格开朗、温文尔雅的人，多显露出高洁的气质；性格直爽、风格豪放的人，气质多表现为粗犷；性格温和、风度秀丽端庄的人，气质则表现为恬静……无论聪慧、高洁，还是粗犷、恬静，都能产生一定的美感；相反，刁钻奸猾、孤傲冷僻，或卑劣萎靡的气质，除了使人厌恶以外，绝无美感可言。

与外表装饰相比较，更为重要的是，推销员应注意内在气质的修养，要注意文化学习，培养自己优雅、热情、诚恳的气质。这样的推销员才能被顾客接受和信任。推销员千万不要沾染江湖习气，否则顾客会认为你是江湖骗子而严加防范，致使推销过程产生困难。

气质美首先表现在丰富的内心世界上。理想则是内心丰富的一个重要方面，因为理想是人生的动力和目标，没有理想，内心空虚贫乏，是谈不上气质美的。品德是气质美的另一个重要方面。为人诚恳、心地善良是不可缺少的，文化水平也在一定程度上影响着人的气质，此外，还要胸襟开阔、内心安然。

气质美看似无形，实为有形。它是通过一个人对待生活的态度、个性特征、言行举止等表现出来的。一个人的举手投足、步态、待人接物的风度，皆属气质。朋友初交，互相打量，有气质的人立即给人以好的印象。

具体到推销员，其气质一般表现在如下方面：

（1）仪表。仪表礼仪很重要。一个长相讨人喜欢的人自然容易给客户留下深刻印象。

（2）表达。还未开口就满头大汗，说话结结巴巴词不达意，似乎离销售气质远了点，面试官最喜欢是那种见面"自来熟"的人。每天跑客户，认识不同的人，见面就能聊上几句，局促的局面很快就能打破，接下去的生意自然也就顺利了。

（3）谦和。和气才能生财，如果一个人趾高气扬地对客户说话，那么在进行客户拜访的时候岂不是要把客户得罪干净？

（4）耐压。前脚还未跨出客户的办公室门，眼角里瞟到客户已把自己的名片扔进废纸篓，这是销售代表常常会碰到的事情——没把你赶出大门已是客气了。所以，如果不能承受若干"刁难"，没听上几句重话，就"眼泪忍不住掉下来"，销售市场当然会淘汰你。

（5）忠诚。凡是销售业绩比较好的员工，首先对自己的产品有强烈的爱。只有具备这种发自内心的对产品强烈的爱，才会对公司、对产品产生忠诚，接下去就是如何把这种爱传达给客户，让他们来分享自己的产品。

3.
在会推销之前，学会微笑

鲍勃凝视着屋内，目光停留在一位魅力十足的黑发女子的身上。而此时，她似乎也正微笑着望着他。于是，鲍勃毫不迟疑，立刻起身，走进屋内，与这名女子攀谈起来。女子的话并不多，不过她依然微笑着注视着他，所以鲍勃仍然继续着他的谈话。这时，鲍勃的一位女性朋友从他身旁经过，悄声对他说："算了吧，鲍勃……在她眼中，你就是个笨蛋。"听闻此言，鲍勃顿时目瞪口呆。可是，那位可人儿此时仍在冲着他微笑！

其实，鲍勃不过是犯了一个大多数男人都会犯的错误——误解了异性在微笑时紧闭双唇所代表的含义。

流露出自然而甜美的微笑，给人一种亲近、友善、和蔼的感觉，让人在心中留下美好难忘的第一印象。微笑要掌握分寸，真诚的态度，微微的点头，动作不宜过大，发自内心的笑容才是最自然的。一个完美的微笑，常常可以让对方感到亲切，进而对你产生好感，下一步的销售活动就可以顺利地进行了。

日本有近百万的寿险从业人员，其中有很多人不知道日本前 10 名寿险公司总经理的姓名，但却没有一个人不知道原一平。原一平的一生就是个传奇。他从一个无可救药的小太保，变成日本保险业的"推销之神"，他的微笑亦被评为"价值百万美元的微笑"。

原一平在最初成为推销员的 7 个月里，没有拉到一分钱的保险，没有拿到分文的薪水。为了省钱，他只好上班不坐电车，中午不吃饭，晚上睡在公园的长凳上。但他依旧精神抖擞，每天清晨 5 点起床从"家"徒步上班。

一路上，他不断微笑着和擦肩而过的行人打招呼。

有一位绅士经常看到他这副快乐的样子，很受感染，便邀请他共进早餐。尽管他饿得要死，但还是委婉地拒绝了。当得知他是保险公司的推销员时，绅士便说："既然你不赏脸和我吃顿饭，我就投你的保好啦！"他终于签下了生命中的第一张保单。更令他惊喜的是，那位绅士是一家大酒店的老板，帮他介绍了不少业务。原一平的命运从此彻底改变了。由于原一平的微笑总能感染顾客，他成了日本历史上最为出色的保险推销员。原一平的笑容是如此的神奇，在给顾客带来欢乐与温暖的同时，也给自己带来了巨额的财富和一世的英名。

作为一个推销员，如果脸上总是能面带微笑的话，这是一笔巨大的无形资产。你的笑容是否那么阳光灿烂并不重要，重要的是你时常保持着微笑。在人们的工作和生活中，没有一个人会对一位终日愁眉苦脸的人产生好感；相反，一个经常面带微笑的人，往往也会使他周围的人心情愉悦，受到周围人的欢迎。在一般情况下，如果你对别人皱眉头，别人也会用皱眉头回敬你；如果你给别人一个微笑，别人就会用更加灿烂的微笑回报你。

第一次拜访客户时，如果你带着一张灿烂的笑脸进门，它可以让你省去很多程序性的介绍和麻烦。微笑就像三月的阳光，能融化堆积在人们心灵中的冰雪，改变客户的心情，制造出你与客户交流所需要的和谐气氛。当然，这种微笑首先也会改变你自己。对于推销员来说，微笑是一张心灵的名片，必不可少。你呈递给客户的第一张名片如果是笑容的话，那对于你的客户来说，它远比你身上穿什么样的衣服更加重要。

4.
推销礼仪绝不是一桩小事

一个销售员，除了应该注意服饰、语气和体态外，更应该注意自身的修养。优雅、礼貌的行为可以促进你的销售。

发明"销售关键语理论"且在推销教育上建立名声的美国推销专家费拉曾经说过："有些顾客，对推销员很冷淡，好像故意要在双方之间设立障碍，一些经验颇多的推销员，对这种不轻易显出亲切感的顾客，往往也无可奈何。其实，这个问题的症结，八成是在推销员。根据我的经验，我敢肯定地说：这是身为推销员的你，在推销礼节上，有某些缺陷所致。也许，你认为推销礼节是小事一桩。事实上，缺乏推销礼节，会成为阻碍你与顾客融洽交谈的一堵厚墙……"

销售工作绝对是讲究"礼多人不怪"的，这个"礼"代表的是"礼貌"、"礼数"、"礼仪"，而非怂恿大家行贿送礼，败坏社会风气。

首先，要善于聆听。在交谈中让顾客充分地表达出自己的想法，有助于销售员了解更多的消息，亦有助于建立与客户的相互信任。

其次，不发牢骚。在与顾客交谈中，应避免流露出对自己的雇主和公司的不敬或不满。这种谈论对自己和公司形象造成的伤害，是不可估计的。没有人会喜欢以议论他人为乐的人。

再次，要保持轻松。在和顾客的交谈中，一定要以轻松自如的心态进行，过分紧张会降低你所提建议的可信度。

最后，应善于运用礼貌语言。礼貌是对他人尊重的情感外露，是谈话双方心心相印的导线。人们对礼貌的感知十分敏锐，有时即使是一个简单的"您"、"请"等字眼，都可以让他人感到一种温暖和亲切。

此外还有一定要说好基本用语，注意仪态，注意选择词语，注意语言简练，注意音调和语速。

5.
充分发挥肢体语言的作用

一个无心的眼神、一个不经意的微笑、一个细微的动作，就可能决定了你的成败——即使这是一次千万元级别的商务谈判。是的，那些被我们忽略的微妙身体语言，就是有着如此神奇的魔力。我们能够辨认的面部表情有 25 万种之多，但这仅仅是身体语言中的一小部分。正是这些微妙的身体语言，决定了我们在与他人的交往中是掌控别人，还是为他人所掌控。

身体语言是比说话更为有效的沟通方式。大多数人的感觉和行为都与他的肢体语言是一致的，而不是他的口头语言，如果你一生都保持着快乐自信的肢体语言，这极有可能带来让你惊喜的结果！我们的肢体语言反映了我们的感受，同时也影响着我们的感受，这是一种双向感应。

最早研究肢体语言的心理学家迈克尔·阿杰尔称肢体语言为"沉默的语言"。尽管它几乎不在意识注意的范围之内，但我们建立、培养和维持关系主要是通过这种沉默的语言。

肢体语言对于透明的沟通至关重要。美国传播学家艾伯特·梅拉比安曾提出一个公式：

信息的全部表达 =7% 言语 +38% 声音 +55% 表情

我们把声音和表情都作为非语言交往的符号，在人际交往和销售过程中，信息沟通只有 7% 是由言语进行的，另外 93% 的信息传递是通过非语言方式进行的。当一个人口头上在说一件事，而肢体语言却在告诉你完全不同的信息时，这时你还会相信他吗？与大多数人一样，你会相信肢体语言而不是口头的语言。这一统计数据基于心理学教授艾伯特的著名研究。

虽然有些人比其他人更擅长理解肢体语言，甚至有些人是这方面的专家，但事实上我们每个人每天都在无意识地做着这些事。我们能够迅速甚至在一眨眼的瞬间感觉到一个人是否友好、可信或者诚实。

在给予信息时，我们能够确信我们的肢体语言的信号阐释了我们所要表达的信息。我们还可以运用肢体语言鼓励或者制止别人与我们交流。我们可以不发一言地提问和决断，还可以很好地运用时机，何时该直言，何时要含蓄，何时应强调，何时应低调。

在收集信息时，如果我们理解肢体语言，就能够更容易地认识到一些问题，诸如缺乏理解，达不成协议或冲突的端倪何在。我们能够尽早发现支持的、协商的或鼓励的信号。通过改进我们的进程和方法来确定对某些事情的轻重缓急，从而确定是加强理解，还是施加压力。运用我们自己和其他人的肢体语言，会使人们的交流变得更有效。

这里提供15种提高身体语言效果的方法，供销售人员参考：

（1）不要双手环抱在胸前或者翘二郎腿。

（2）保持眼神交流，但是不要盯着别人。

（3）人与人之间保持一定距离，双脚间要留点距离，显得有自信。

（4）放松你的肩膀。

（5）当听别人发表意见的时候，轻微点头以表达对演讲者的尊敬。

（6）不要作风懒惰，弯腰驼背。

（7）如果对别人的演讲很感兴趣，身体可以轻轻前倾以表示自己的兴趣。

（8）微笑，讲一些笑话让对话环境更轻松。

（9）不要不断地触摸自己的脸，这只会让你觉得紧张。

（10）保持目光平视。不要把目光集中在地上，这样会给别人一种不信任的感觉。

（11）放慢语速，可以让你冷静，减少压力。

（12）不要坐立不安。

（13）与其让你的手左右摆动或者触摸自己的脸，不如让你的手势加入对话中，但要避免适得其反。

（14）不要总把手抱在胸前，尽量放在腿的两侧，否则会让听者觉得你显得拘束。

（15）一定要保持良好的精神状态。

6.
真诚都是相互的，对客户表达真诚

"精诚所至，金石为开。"优秀影视节目或作品之所以能够感动人，多是因为真诚。商场上的语言也离不开真诚。因为人都有一个基本的分辨能力，虚假的语言只能欺骗少数人，多数人是不会上当的。商业语言的真诚就在于有真实的情感和诚恳的态度。一些不诚实的推销员可能会一时得意，但是从长远的眼光来看，只有诚实才能推销力。

乔·吉拉德被誉为世界上最伟大的推销员，他曾经讲过这样一个故事：

"记得曾经有一位中年妇女走进我的展销室，说她想在这儿看会车打发一下时间。闲谈中，她告诉我她想买一辆白色的福特车，就像她表姐开的那辆，但对面福特车行的推销员让她过一个小时再去，所以她就先来这儿看看。她还说这是她送给自己的生日礼物。'今天是我55岁的生日。''生日快乐！夫人。'我一边说，一边请她进来随便看看，接着出去交代了一下，然后回来对她说：'夫人，您喜欢白色车，既然您现在有时间，我给您介绍一下我们的双门式轿车——也是白色的。'我们正谈着，女秘书走了进来，递给我一打玫瑰花。我把花送给那位妇女：'祝您生日快乐，尊敬的夫人。'显然她很受感动，眼眶都湿了。'已经很久没有人给我送礼物了。'她说，'刚才那位福特推销员一定是看我开了部旧车，以为我买不起新车，我刚要看车，他却说要去收一笔款，于是我就上这儿来等他。其实我只是想要一辆白色的车而已，只不过表姐的车是福特，所以我也想买福特，现在想想，不买福特也是可以的。'最后她在我这儿买走了一辆雪佛莱，并写了一张全额支票，其实从头到尾我的言语中都没有劝她放弃福特而买雪佛莱的词句。只是因为她在这里感受到了重视，才放弃了原来的打算，选择了我的产品。"

真诚是推销员的第一步。真诚而不贪婪，这是推销员的第一准则。记住，当你予人好处时，影响就会像滚雪球一样越滚越大，你的钱包自然会渐渐地鼓起来。

一个和蔼可亲、开朗爽直的推销员会激发顾客购买商品的兴趣，而一个阴暗的推销员会让顾客感到反感。销售员与顾客的关系越融洽，越能取得顾客的信任，越有利于改变他的态度。

如果人们觉得你和蔼可亲、平易近人，那么他们就会更喜欢你。用通俗实用的话来讲，做到这一点只需要：

（1）鼓励别人谈论自己：这能使自己获得可资参考的信息。"您觉得……如何？"询问对方问题并聆听（还要记住）回答，你能让人觉得他们的生活经历对你是有益处的。下次遇到这些人只要提到一些显著的事例，就能表明你很在乎他们。

（2）显示真诚的兴趣：询问密切相关的问题就能建立良好的关系。"是什么让您想起了那事呢？"在意别人的偏好并建立共同之处就能表明自己与之休戚相关。"我知道您对这件事很反感……"

（3）直呼其名：与人交谈时，直呼其名会给交流沟通加入个性色彩，会显得非常平易亲切。人的名字是人的性格中不可或缺的重要组成部分，交谈时使用名字表明你很关心他们，把他们作为单个的人来看。这不仅使人觉得自己非常重要，而且还使得他们心里暖洋洋的。

7.
约见客户必须注意的形象细节

在家里或朋友聚会的场合，如果你不拘小节，谁也不会怪罪你；但在公共场合，当然也包括与顾客洽谈生意的场所，你的行为必须要合乎规范，符合社会所要求的一般标准，即大家所认同的礼节；否则，就会被认为是失礼，让人耻笑，以至于影响你的正常商务活动。

正如一句话所言：你没有第二次机会去塑造美好的第一印象。

那么需要注意哪些方面的内容呢？下面有诸多提示可以给大家一些借鉴。

在与客户交谈之前，你一定要先对着镜子从头到脚整理一下自己的服装，发现没什么问题后，再精神抖擞地去赴约。

一些推销人员在面对客户时或在众目睽睽之下，偶然会有一些不雅的举动，令其形象大打折扣。因此，在日常生活中应该有意识地避免各种不雅的行为：

不要在顾客面前打哈欠；

不要在顾客面前抖动双腿；

不要在顾客面前掏耳抠鼻；

不要留长指甲且藏污纳垢；

不要在餐桌上剔牙，更不要乱吐；

在社交场合不要挠头皮；

不要随地吐痰；

不要用“喂”喊顾客；

男性推销员不要留长发和长胡须。

当众搔痒。搔痒动作非常不雅，如果你当众搔痒，会令客户产生不好的联想，诸如皮肤病、不讲卫生等，让人感觉很不舒服。

吸烟。在一个不吸烟的客户面前吸烟是不尊重对方的行为，这样做可能让他对你"唯恐避之而不及"。

打哈欠、伸懒腰。这样会让顾客觉得你精神不佳或不耐烦。

对着客户咳嗽或随地吐痰。这更是一种应该杜绝的恶习。姑且不论别人看见你随地吐痰后会做何感想，这种举动本身就意味着你缺少修养。

高谈阔论、大声喧哗。这种行为会让顾客感觉你目中无人。一个毫不顾及旁人感受的人又怎么会为顾客提供细致的服务呢？

交叉双臂抱在胸前，且摇头晃脑的。这样的举止会令顾客觉得你不注意小节，是个粗心的人。

当众照镜子。这样做显得销售人员对自己的容貌过于注重，是没有自信且目中无人的一种表现，很容易引起顾客的反感。

双脚叉开、前伸，人半躺在椅子上。这样显得非常懒散，而且缺乏教养，是对顾客不尊重的表现。

搭乘公共交通工具时争先恐后，不排队。这种推推搡搡、互不相让的恶习，应该坚决摒弃。

只有树立了有内涵、有修养的形象，客户才会欣然接受你，给你销售与服务的机会。作为销售人员，一言一行都要对公司的形象负责。

此外，销售人员还要强调如下细节：

头发：头发最能表现出一个人的精神状态，专业的销售人员的头发需要精心的梳洗和打理。

耳朵：耳朵内须清洗干净。

眼睛：眼屎绝不可以留在眼角上。

鼻毛：鼻毛不可以露出鼻孔。

嘴巴：牙齿要干净，口中不可散发出异味。

胡子：胡子要刮干净或修整齐。

手部：指甲要修剪整齐，双手保持清洁；想象一下您握住别人一只脏手时的感觉，你就知道修剪指甲的重要性了。

衬衫领带：衬衫要及时更换，注意袖口及领口是否有污垢；衬衫、领带和西服需要协调。

西装：西装给人一种庄重的感觉，西装的第一粒纽扣需要扣住；上衣口袋不要插着笔，两侧口袋最好不要放东西，特别是容易鼓起来的东西，如香烟和打火机等。记住西装需要及时熨整齐。

鞋袜：鞋袜须搭配平衡，两者都不要太华丽，鞋子上不小心粘上的泥土要及时清理，否则当你进入会客场所时会降低客户对你的好感。

名片夹：最好使用品质优良的名片夹，能落落大方地取出名片。

笔记用具：准备商谈时会用到的各项文具，要能随手可取。避免用一张随意的纸张记录信息。

第三章

客户类型

——用同一套方法面对所有客户，行不通

不同的客户，其心理特征是不一样的，对于不同的客户类型，销售员采取的销售措施也不一样。客户类型大体来说有下面8种，分别是理智型客户、任务型客户、主人翁型客户、抢功型客户、吝啬型客户、刁蛮型客户、综合型客户、潮流型客户。对于这些客户，以下的方法均可以尝试。

1.
理智型客户：采取坦率、直接的交流

理智型的人主要特征有：冷眼看世界，抽离情感，喜欢思考分析，知识很多，但缺乏行动，对物质生活要求不高，注重精神生活，不善于表达内心感受；想借此获取更多的知识，来了解环境；面对周遭的事物，他们想找出事情的脉络与原理，作为行动的准则。有了知识，他们才敢行动，才有安全感。他们的思考模式是：当要解决一个问题或者要做出一个决策的时候，习惯先收集大量资料和数据，或者请教有经验的专家。将多方面收集到的大量信息进行综合分析，并从这些信息和数据中找出规律，找出它们之间的内在联系或者逻辑关系。善于利用这些分析、思考、推论、判断来做决策，或者制定解决问题的策略。

理智型客户办事比较理智，有原则，这类客户不会依关系的亲疏来选择供应商，更不会基于个人的感情色彩来选择对象。这类客户大部分工作比较细心，比较负责任，他们在选择供应商之前都会做适当的心理考核比较，得出理智的选择。这种顾客严肃冷静，遇事沉着，不易被外界事物和广告宣传所影响，会认真聆听销售人员的建议，有时还会提出问题和自己的看法，但不会轻易做出购买决定。

我们先来看一个理智型客户购买产品的例子。

老吴准备给家里装修，来跟我商量，到底要找哪个装修公司。虽然我才装修了房子，但对这些还真的不太清楚，于是老吴开始自己去寻找。一段时间后，老吴把深圳几乎所有的装修公司都摸透彻了，甚至还给它们分了类——第一种是完全无牌无照的；第二种是有牌但没有名气的；第三种是名气很大且组织装修队的，不过它是做管理的；第四种就是名气和品牌都很大，而且自己组织装修队的。分类后，老吴便在这四组里分别抽取了几家公司做测试和调查，因为他想把这些装修公司到底做什么、怎么做都摸清楚。

装修公司选定后，老吴又亲自买装修所需的材料。于是，深圳几乎所有的材料市场和批发点，又都被老吴踏了个遍。老吴甚至到网上去查资料，搞团购，还兴冲冲地跑来问我："我们干脆做一个家装网站怎么样？我已经把深圳所有的家装信息全部搜集到了！"当老吴把装修需要的材料全部买齐的时候，已经是他决定装修后的第7个月了。说实在的，我很佩服老吴搜集信息的精神。

过春节的时候，老吴约我们几个朋友去他家看新房，要知道这可是他花了差不多一年的时间做出来的杰作呢。然而当我踏进他房间的那一刹那，突然觉得很拘谨，因为他的房子装修得非常规矩，所有的东西都是有棱有角的，而且连颜色都是黑白分明的。老吴还在讲着："这块大理石是团购来的，这个……"

对于理智型客户，销售员强行公关、送礼、拍马屁等公关方式都不适用，最好、最有效的方式就是坦诚、直率的交流；不可以夸大其词，要该怎么样就怎么样，把自己的能力、特长、产品的优劣势等直观地展现给对方；给这类客户承诺的一定要做到，能做到的一定要承诺到，这就是最好的销售方式了。

对此类顾客，销售人员必须从熟悉产品的特点着手，谨慎地应用层层推进、引导的办法，多方分析、比较、举证、提示，使顾客全面了解利益所在，以期获得对方理性的支持。与这类顾客打交道，销售建议只有经过对方理智的分析和思考，才有被接受的可能；反之，拿不出有力的事实依据和耐心的说服证明，推销是不会成功的。

客户不都是以情来诉求的，其中一定有必须以理来诉求的客户。遇到这种客户，一定得运用注重理性的方法来应对。

再看一个例子：

客："孩子还小嘛！我认为买不买保险无所谓！"

营："不，您错了！在以前农业社会根本没有什么保险观念，就算个人发生不幸，大家庭还可以照顾遗族，可现在都是所谓的'核心家庭'，就算您的兄弟姐妹有心想施以援手也力不从心，何苦为您的家人增加不必要的困扰和担心呢？"

客："可是我在银行里还有存款啊！"

营："有多少呢？能让您的家人衣食无忧地生活多久呢？能让您的小孩无忧无虑地念完大学、出国深造吗？"

客："……"

营："这就是关键所在，购买这份我为您特别设计的保险，可以让您和您的家人永远不再烦恼下半辈子的经济问题，相信您在可以选择的范围内，一定会愿意所有的状况都是在您可以做主的情况下发生的！"

客："这个嘛……"

营："患难之交是在患难发生时才能知道的，可是现在就有一个患难之交在患难还没发生前，您就可以确定的，而且是完全不打折扣的，请您不要再犹豫了！为了您，为了您的家人，有备无患是绝对不会错的！"

在说完这段话之后，不妨再以图表来加强自己的说明，让客户目睹事实，在纯粹以理诉求的情况下，最重要的就是冷静、清晰的说明。

面对理智型的客户，营销员一定要以理来诉求；如果无法以理性的话去处理，将会使客户认为你的专业知识不够，从而失去客户的信任！

要打动客户的心，一定要先给予客户想要的东西。

2.
任务型客户：在第一印象上下功夫

任务型客户是指仅仅想完成某种任务而采购某物的客户。

先来了解一下任务型客户的特点。这类客户一般在公司的职务不会是股东级的，他们只是在接受上级给予的任务，而且这个任务也不是自己的工作职责范围之内的，所以这样的客户一般对完成任务只是抱有比上不足比下有余的态度，不会有太多的奢望。

对于这类客户，推销员应采取的对应方式有：要周到地服务，要主动为客户分析，一定要承诺得斩钉截铁，给对方吃个定心丸。这样的客户不是完全的重点公关对象，因为这样的客户往往是我们的即时性客户，做完了一笔业务可能以后就没有机会和他打交道了。所以在费用和服务上都不能太优惠，拜访这样的客户第一印象特别重要，有了好的第一印象一定要跟进、说服，给予一定的质量、服务、时间上的承诺。

对于任务型的客户，推销时要掌握一些技巧：

技巧一：学会进行封闭性问题的提问。销售的过程中，能针对我们的每个卖点设计并提问一些封闭性的问题，也就是让顾客回答一些"是"与"不是"的问题。例如，先生，我们的音箱是不是外观很时髦？

在设计封闭性问题的时候，要尽量让顾客回答"是"，假如顾客回答的都是"是"的话，那我们的销售基本就成功了。

技巧二：尽量让客户参与到我们的销售互动当中。销售是一个互动的过程，并不是一个人表演的舞台，做好互动是增加我们产品信服力，使顾客关注我们讲解内容的最好途径。例如，我们在讲解音箱的材料时，可以让顾客抱起音箱试试它的重量。

技巧三：以编故事或潜意识的暗示把客户引导到情节当中。要知道，我们所要面对的是各种各样的消费者，需要做的是使各类消费者能够很好地理解我们产品的功能，加强对我们产品的印象，利用编故事或潜意识的暗示能很好地把消费者引入我们的话题。例如，在试低音、高音的时候可以编一些小故事：先生，假如您晚上回家想听一下摇滚音乐的话，我们这款音箱的低音效果完全能满足您的要求（此时做相应的演示与讲解）；假如您早上起床想听一下轻松的音乐，使自己放松一下的话，我们这款音箱的高音效果同样可以满足您的要求（此时做相应的演示与讲解）。

技巧四：销售的过程中要注意促单。销售的过程需要讲究效率，在产品解说到一定过程的时候要促单。例如，先生，您放心，我给您开一台吧。

3.
主人翁型客户：以价格为突破口

主人翁型客户特点是：大部分是企业的老板或者非常正直的员工，只追求价格、质量、服务的最佳结合体，尤其是对价格最为关注，所以对于这样的客户首先要在价格上给予适当的满足，再根据质量采取回升价格的战略。要让对方感觉你做的东西就是价格最便宜的，质量最好的。对于这样的客户可以适当地用些隐蔽性的方法。

在了解这类客户的特点之后，我们要采取的对应方式是：要以价格为突破口，在价格上给客户一个好的印象，在质量上可以根据客户的认知度定位，前期道路铺好之后就要经常回访，经常交流，经常沟通、问候、拉关系。对于这样的客户，只要在价格上能适当地满足对方，在关系上能保持良好的沟通，就能长期服务下去。

具体说来，我们可以采取的方式有：先入为主，努力营造价格低廉的第一印象。先入为主是人们对一切事物形成第一印象的一般规律，而第一印象一旦形成，往往会在头脑中留下深刻烙印，形成思维定式，产生较长时间的持续效应。作为商家，其市场定位不论是以价格低廉作为竞争优势，或是以优质服务作为竞争优势，还是以时尚潮流作为竞争优势，要想把自己的定位准确地告诉消费者，必须在开业之初便着力营造这一形象，以期形成消费者的第一印象。

家乐福在这方面十分重视，往往在开业初的一段时间把商品价格定得很低，给消费者造成一种十分"便宜"的印象，此后再有计划地逐步提高某些商品的价格，使消费者在形成第一印象之后不知不觉地忽略了商品价格上调的事实。这种做法不同于国内零售企业开业初的价格促销，国内企业往往大肆宣传开业时的让利促销，很容易在消费者心中形成开业过后价格会大幅上调的印象，完全起不到价格促销的长期效果。

面对越来越多这样的客户，推销一定要与时俱进，采取不同的销售技巧。其中的技巧之一是学会利用销售道具。

我们写议论文需要论据，做数学证明题同样需要"因为……所以……"。同理，在我们实际的销售过程中，要学会利用一些报刊、书刊、评论、评测等有利信息来充当我们销售过程中的有力论据。

例如，在回答"你们的数码产品质量是不是不好呀？"回答此类的问题时可以说：老板您看过《创业心经》这本书吗？里面就有关于我们××产品的介绍，他们给我们的定义是："在欧洲打响的民族品牌。"先生，您可以试想一下，一个在国际上拥有良好品牌形象的企业，会为了赚您20多元钱而生产一些劣质的数码产品销售给您，而把自己的品牌形象搞坏吗？所以您购买我们的产品绝对放心！

4.
抢功型客户：以其需求为第一要求

我们先来了解抢功型客户的特点，这类型的客户一般不会是公司的大领导，也不会有很大的权力，但是这样的客户有潜力，其地位一般处于上升趋势。这样的客户眼光重点定位在质量上，在价格上只要适当就可以了。这样的客户有的时候会出现自己掏钱为公司办事情的情况，在公司为了表现自己也经常吃哑巴亏。

对于抢功型客户，销售员必须采取的应对方式是：一定要站在客户的角度着想，千万不可以伤害其自尊心，在质量上一定要把好关；这样的客户不需要保持太紧密的联系，只要在日常的工作中给予适当的帮助，为客户在自身公司的发展做点力所能及的事情就可以了；在节假日给予适当的问候，保持长期的联系，因为这样的客户很有可能会发展成为未来的潜力客户。

在销售过程中，我们必须让此类客户相信我们产品的品质，为了更好地达到此目的，可以采取一些相应的销售技巧，比如要善于与一线品牌做比较。

作为终端销售人员，要对竞争对手的产品了解透彻，只有这样，才能更好地解说我们的产品。同时，在销售的过程中，应尽量把我们产品的质量、功能、性能与第一品牌靠近，拉近我们与第一品牌的距离。例如：

客户说：我还是比较喜欢买个名牌的，例如×××的，它的音质比较好！

答：先生，您找对人了！我们这款 MP3 采用的芯片也是和目前×××最新上市的一款一样的！都是采用了 ROCKCHIP2608A 芯片。您也知道，音质的好坏是由芯片类型决定的，所以我们这款 MP3 和 ××× 的音质是没有差别的! 而且我们的录音功能可以长达 10 个小时，这是 ××× 所没有的。

同时，保持一定的沉默，也是一种有效的销售技巧。闭上嘴的目的在于腾出时间与空间来让客户表达，销售人员则成为一个专注的聆听者。闭上嘴的另一大作用，是给自己时间与空间来思考客户的谈话内容，以抓住客户的需求点。发言是一种表达，聆听是一种美德。具有如此美德的销售人员，客户怎么会拒绝呢?

要真诚聆听客户的谈话，并不时通过表情或简短的语句回应客户的谈话内容。聆听是给客户谈话时间，这能使客户感受到自己受到了尊重，反过来会更加信任并尊重销售人员。所以，在谈话未完成之前，不要随意打断客户的谈话，认真聆听的态度会给客户留下好印象。

适当的表情或回应的语句会激起客户继续谈话的兴趣。因为你的回应表明他的谈话正在受到关注，从而有兴趣与你继续沟通与交流，这样不仅能增多行销机会，而且将获得更多的客户需求信息。选择适当时机提问，确认你需要的信息，而这对于客户谈话的内容也是一种认可。

在适当的时机提问，不仅表明你在认真聆听客户的谈话，而且也在认真思考客户谈话的内容，这会让客户有受到重视的感觉，并能引导客户谈出有利于行销的内容，这将便于收集所需的信息。对于这些有用的信息，销售人员要及时进行记录。

对于抢功型客户，一定要让客户的心理得到满足。

有一次在某酒楼宴请一些朋友。酒足饭饱之后，准备买单，服务员拿来账单，一位朋友一把抢了过去，看了一下说:"把你们赵总叫来。"赵总是朋友的朋友，朋友喊他过来的意思是想让酒楼给打个折扣。服务员确认我们认识赵总后就出去了。过了一会，他们的楼层经理过来了，寒暄了一下，说道:"真是很抱歉，我们赵总今天没有在酒楼这边。不过您几位既然是赵总的朋友来照顾我们的生意，我代表我们赵总及酒楼对您几位表示感谢。账单就按 8.5 折，您看如何? "朋友听后很生气，拿出手机要给赵总打电话。楼层经理几经解释后自己打了电话，然后把电话交到了朋友的手上。朋友和他聊了几句后，电话又回到了楼层经理的手上。最终酒楼给打了8折，另外奉送了一个果盘。

"五·一"节是餐饮行业的大日子，这样的日子赵总一定得守着阵地，但他为什么不出现呢？做酒楼生意的，朋友自然满天下，如果每个人来了都要求见他，都让他打折，他的生意也就不用做了。而朋友这边也不见得就为了打个折扣，无非是让赵总卖他一个面子，让他在大家面前觉得好看。因此，即便是楼层经理给打了5折，朋友还是要找赵总的。而作为楼层经理，对于这样情况的处理，他们是有权限的，对于什么样的客人可以打几折他们自己都能做得了主，但他却没有直接把折扣给打了，而是通过赵总给打了个8折。这样的一个兜转，朋友有了面子，请客者省下了一点钱，酒楼也把该赚的钱赚了，可谓皆大欢喜。

5.
吝啬型客户：突出产品的性价比

吝啬型客户的特征，简单说来，有下面几点：一般比较小气，想赚这种客户的钱不容易，这样的客户不会因稳定、信任、关系而选择一个固定的供应商。他们会首先比较价格，而且比较的结果是让你没有利润，然后再要求质量。对于高价位的产品不舍得购买，多年以来的节约习惯使他们对高价位的产品比较排斥，对产品挑剔最多，拒绝的理由也令你意想不到。这样的客户经常会隐瞒事实，夸大自己，很多时候还会选择招投标的形式，以此来压价，满足自己虚伪的吝啬心理。

针对吝啬型客户，销售员可采取的应对措施有很多。我们先来分析一下：吝啬型客户其实也并不是一毛不拔的人，他们花钱都是花在刀刃上的，你要能激发他们的兴趣，而后表明物有所值，着重强调一分钱一分货，将商品的特征解释清楚，指出价值所在。告知价格不只是价格，还包含了许多其他的成分，可强调产品的生命成本或投资回报率，告知对方报酬率高才是重点，否则一切都是浪费。说清楚差价，试探出他们到底嫌贵了多少，以价差来衡量在服务与产品上的差异。你能做到循循善诱，他们就会很爽快地打开荷包。比如对方以价格为由，拒绝购买你的产品，你就可以分几次推销，把一年的花销划分到每一个月中以减少对价钱的压力。

其实吝啬的客户不一定就是没有购买诚意的，需要区别对待。我们在生活中也会遇到先尝后买的事情，其中尝的是样品，是免费的。我们觉得正常，那如果是大客户的话，他有时也喜欢先尝尝。还有就是一种操作上的习惯。比如这个公司如果出了样品费，本来没多少钱，但是也许会碰到不好走账或者操作程序很麻烦的情况，这也是正常的。所以，希望不要将其一棒子打死失去了好的合作机会。

建议不要在这样的客户身上花费太多的时间，根据自己的产品特点及企业优势能做一单就做一单，不要指望下次会给你赚钱的业务。这样的客户一开始就不能一味地满足其需求，该圆滑的时候就一定要圆滑，因为这样的客户不会因你的良好表现和良好关系就容忍你的一些小错误。这样的客户如果不是自己的强项和优势的业务大可不必去参与竞争，因为对自己得不偿失，钱没有赚到，精力倒花费不少。所以，这类型的客户不是企业发展的重点客户。

那么，怎样才能让这类客户不斤斤计较，不在价格问题上讨个昏天黑地呢？战略谈判公司 THINKI 的 CEO 戴特迈尔根据多年经验总结出一个方法：多重报价。即给客户三种选择方案，而不是只有一种。如果只提供一种方案，客户就会本能地想着还价。而如果从低到高给出三种方案的报价，客户的注意力便会从"我要还价"转移到"哪种方案更合适"上。客户会开始思考"第三种方案价格太高，第一种提供的价值又不够充足，还是第二种最合适"。

不过，多重报价的方法并非万无一失。客户可能会要求用最低的报价买最高报价的方案，并且诱使你分项列出每一项的单价。千万不要随着客户这样去做，这样就给了他们逐项还价的机会。

另外，客户也可能要求你把第二种方案的价格下调。这种情况下，你要学会交换。要么从方案中去掉一些对客户来说不太重要的项目，要么让客户提供一些对你有用的东西作为交换，比如将你介绍给公司的其他部门。不管怎样，谈判的原则是：除非有得交换，不然不轻易降价。

其实，降价反而会让客户不悦。如果轻易地降低价格，客户会觉得你的报价有很大的水分，会减少对你的信任与尊重。而如果采用交换的方式，你既不会损失自己的利益，又会让客户更相信你。

在戴特迈尔看来，多重报价最大的好处就在于将销售与客户从对立的两方转化到同一阵营中来。当你提供多重选择方案时，客户感觉到自己是在主动地做选择，而不是被动地与你展开价格拉锯战，因此谈判起来就会更加配合。

6.
刁蛮型客户：销售者的所有行为要以流程为基准

　　我们先来分析一下刁蛮型客户的特点：这样的客户在第一次交往中会表现得很好，显示自己是来自一个很好、很有信誉、很有实力的公司，有时甚至会出现你开800他给你1000的情况。这样的客户在和我们交谈的过程中基本上是不会准备好资料的，希望所有的资料都由我们来准备，也不会在价格上和我们斤斤计较，在质量上也不会提苛刻的要求。他们会想方设法设置一个陷阱，找借口说时间非常着急，其实真正等你做完了，他一点也不着急要货，往往是想通过一些无关紧要的问题干扰你的视线，尽量使我们的操作出现些问题，到时候好抓把柄找麻烦。

　　对于这类客户，我们所要采取的方法是：千万不可以马虎，更不可以为客户的表现所动心，在所有的操作上一定要积极客观，不能被动，价格是怎么样就怎么样，质量是怎么样就怎么样，制作之前一定要由客户亲自确认签字，否则绝对不可以操作下去。对客户要求的时间也不可以随便承诺，给自己施加压力，预付款一定要收，合同一定要签，绝对不可以先做事再谈价格。总之对于这样的客户一定要先小人后君子，不见兔子绝对不可以撒鹰，不可放松大意。

　　凡是从事过服务业的人一定遇到过不讲理的客户。有一种客户，他很抠、很刁钻，但品牌响亮，这可以帮你提升知名度和美誉度，也应该屈就一下，把他们暂时当作上帝。至于那些又没钱赚，又不讲理的客户，应该采取适当的方式来教训他们一下。下面笔者举一个朋友的事情做例子：

　　我遇到过一个韩国食品客户，其品牌知名度尚可，但产品品种非常单一，在市场上几乎只能看到一种类型的食品，且数十年都没有新产品推出。他们想找一个销售经理，专门负责和卖场打交道，希望通过自己的关系和渠道，把他们的货品打进那些大卖场，如家乐福、麦德隆等。我做了市场调查之后，发现没有同类企业的销售主管愿意去，除了以上原因外，还包括有很多人不认同韩国公司的企业文化，觉得不是职业发展的最佳顾主。

由于这个单子是另一个离职的同事转给我的，所以在我接到这单时，他已帮这个客户操作了很长一段时间，但无功而返。我接手之后，给客户提了很多建议，包括提供调查报告和一些职位调整方案，但对方均没有采纳，而且不给我任何回复。

本以为这件事就此结束了，可三个月之后，这个客户突然找上门来，而且是兴师问罪，说我们耽误了他们这么久的招人进程，要我们承担责任。对如此不讲理的客户，我采取的是先礼后兵。先是向他们列举了我所做的一切，说明是在得不到对方任何支持和反应的前提下，才没有进一步的动作，并不是我们违反条款和服务不周。他们听后依然强词夺理，要求我们马上服务，但被我严词拒绝了。对方一看没招了，就说要投诉我，我听后一点也没慌张，马上把老板的电话报给了对方，但同时要求对方也把他们总经理的电话报给我。对方听了，非常意外和紧张，颤巍巍地问，你为什么要知道我老板的电话？我回答说：你在这个岗位上的不专业、不配合，才导致这个销售经理的人选迟迟没有到位，我要向你老板建议，在找到这个销售经理之前，应该先找一个代替你的人，正因为你这一个环节的不得力，整个招聘流程才无法顺利进行。

面对刁蛮型客户，首先你不要被他的气势吓倒，而是应该就事论事，指出解决问题的关键所在。我这个朋友作为专业销售顾问，发现了根本问题，并且一招击中了客户的要害。结果可想而知，那个刁蛮的客户被我朋友专业的态度吓退，乖乖地做配合。

7.
综合型客户：了解客户心态在先，行动在后

先来了解下综合型客户的特点：这样的客户在交往中没有一定的性格模式，特定的环境下会演变成特定类型的客户，这样的客户一般非常老道，社会经验非常丰富，关系网也比较复杂，他的生活轨迹也不容易把握，思想活动很难认清。

这类客户让你找不到东南西北，当你销售时，他会一直保持沉默，对你的讲解无动于衷，定力很强，很多人认为他们不爱说话，当你筋疲力尽时你会离开，这是他们对你的对策。对于这类客户，我们的应对策略：这类客户话很少，但是心里很清楚，比谁都有一套，我们要仔细观察他们的反应（肢体语言）。他们只是表达的方式很特别，这种情况下我们就得多讲解趋势，多讲解产品的功能。对于这样的客户，处理问题一定要小心，不可以定义为任何一种专业类型的客户来对待，因为这样的客户可变性很强，在与这样的客户交往过程中采用以静制动的战略攻势比较好。始终要以认真、虔诚的心态，静观其变，等待把握客户的心态之后再对症下药，我们主要分以下几步与这类客户交流：

第一步：在不确定客户的真实需求时，让客户说话。我们以静制动，多问一些问题，带着好奇的心态，让客户尽情地发表意见，不要打断。你要做的就是倾听，收集更多的信息。

第二步：认可客户的感受：客户说完后，用"感性"回应客户，一般的句式有：我感觉到你……这样做将使你的客户感到不那么紧张，而且会让客户感受到你和他是同一个战线的。

第三步：要求客户给予具体的阐述："复述"一下客户的具体异议，彻底搞清楚客户的要求是非常重要的。你要设法了解他们在想什么，以便解决他们的疑虑。

第四步：确认并同步重复客户的回答：你所要做的是重复你听到的话。这个过程是你实现销售目标的通道。因为你将发现你的潜在客户是否知道你产品的益处，这为你引导客户走向最后的成功奠定基础。

第五步：带领客户看到异议背后的正面动机：当客户看到了背后的动机，销售就可以从此处入手，说出客户需要的价值，同时一起去创造更大的价值，异议就会因此消除，并且和客户建立起真正的信赖关系。

面对此类客户时，营销员的行为举止是否符合客户的期待，将决定他能否从心底里接受你。销售员尤其要注意以下几点。

（1）说话要真诚。只有真诚的人才能赢得信任。不要为了推销产品，不考虑客户的实际能力，导致客户陷入困境。曾有业务员为了提升自己的业绩，劝说一位年收入只有两万元的客户购买了每年需要交 5000 元的投资型保险，第二年客户即陷入交费的困境，只能选择退保，但退保金又微乎其微。从此这位客户对保险就持有一种偏激态度，逢人就说保险公司如何骗他钱。

（2）给客户一个购买的理由。客户购买产品的出发点是他正好需要这款产品，所以在购买之前，他们总是希望充分了解这款产品能为他们带来什么好处。业务人员面对客户的时候不要泛泛而谈，一味突出产品的优点，而应该把产品的优点与客户的需求相结合。

（3）让客户知道不是他一个人购买了这款产品。人都有从众的心理，业务人员在推荐产品时适时地告诉客户一些与他情况相类似或相同的人也购买了该产品，他们是如何看待这款产品的，会使客户信心大增，增强他的购买欲。

（4）以最简单的方式解释产品。某些产品专业性比较强，让客户自己看条款是不明智的选择（即使他是位博士），但如果你自己对条款没有理解通透，那也很难说服客户购买。学会用最简单的方式解释产品，突出重点，让客户在有效的时间里充分了解这款产品。

8.
潮流型客户：赞美是接近的最佳方式

潮流型客户好在人前表现，受人夸奖。一般表现为，穿着比较时尚，个性比较突出。而且会有意或无意地把自己身上具有特色的东西展示在别人面前。对于这类型的人我们要尽量去赞美和夸奖，只要做到这些点，他就会对你有好感。

对于这类型客户，赞美的技巧很有讲究。赞美是接近这种客户的最佳方式。但是如何去赞美客户，这在各个行业中都有不同的技巧与方法。自然而然的赞美能起到很好的效果。其实赞美就是一种认可，但是要去认可客户的方法有很多，这就要我们对客户进行细致的观察与聆听客户的叙说才能发现客户的优势。比如，客户说："我们最近的经营状况一直不好，生意太难做了。"这时候你可以拿出最近客户这个行业的竞争状况与市场行情来给客户做比较，"××先生（老板），据我所知，目前您这个行业的市场经营状况确实这样，如果是我的话，可能早就不知道如何是好了，而您能做到现在这样的规模，说明您还是非常精明且有能力的……因为有挑战才会有机会呀……"

如果是在 IT 行业，赞美的方法无非就在下面三个方面。因为现在很多 IT（网络）公司的销售模式都采用电话销售，所以赞美的形式也颇具特色，可以分为这三个方面：声音、产品、企业。如：声音：性格、容貌、年龄；产品：广告、功能、效果；企业：管理、实力、影响力。

赞美都有技巧与方法，让客户在被认可的荣誉中不知不觉地接受你，从而打开心扉来谈，这其实就是一种温情脉脉的进攻。

我们在赞美客户时，一定要注意以下几个方面：

第一，如果是新顾客，不要轻易赞美，只要礼貌即可。在大家还不是很熟悉的情况下贸然地去赞美客户，只会让其产生疑心甚至反感，弄不好就成了谄媚。

第二，如果是老顾客，下次来的时候一定留意其服饰、外貌、发型等有无变化，有的话一定要即时献上你的赞美，效果非常之好。

第三，如果你要赞美别人，请你一定要从具体的事情、问题、细节等层面赞美，比如你可以赞美其问题提得专业，或者看问题比较深入等等，这样反而更加让客户感觉你的赞美很真实、真诚。

第四，最好借别人的口去赞美顾客。比如你可以说："是的，刚才旁边的那个客户也说你很有品位！"等等。

第五，客户购买产品后，也要通过赞美来坚定客户购买的信心。一般来讲，客户购买完产品后，总是怀疑自己买亏了或者就是买得不合适，所以他们会去询问身边的朋友、亲戚、家人，来判断自己这次买的是否合适。所以如果买完后你能对他说："先生／小姐，你真是太有眼光了！这款是我们目前卖得最好的产品，很多客户都很喜欢！"顾客心里会很舒服！

你若遇到这样比较有个性的客户。这里有几个建议，使你能够与他达成一致。赞美客户可以使客人虚荣心上升，给客人以好感，使其心情愉快，利于冲动购买，使顾客停留专卖店的时间增长，更有机会销售成功。

用感人的语言可使客户下定决心，如"您夫人看到一定会高兴的"，用某种动作对犹豫不决的顾客做工作，让其下决心，如"您再看一下，您多试一下"。

第四章

客户需求
——客户都是任性群体，买的就是高兴

想要让客户购买，先要让客户喜欢你。想要让客户喜欢你，就必须熟悉客户的需求。聪明的销售人员在说服客户的时候，懂得迎合客户的需求，这样能让对方感觉到受重视、受尊重。这种做法纯粹是出于诚意，而诚意永远是应酬成功的因素。只要你有足够的诚意，客户也能教会你现场的应用知识、教会你该如何在他们那里得到认可，甚至教会你如何才能够实现差异化，走在竞争对手的前面。

1.
满足客户需求，才能成交

现代营销学之父菲利普·科特勒大师说，"企业营销大厦"的核心是"客户满意"。每一个企业的开始都是因为一个客户，是客户让企业开始成功。所以永远不要忘记客户。好的推销员每天都要提醒自己，记住客户并保护好你的客户，否则就会面临失败。大师的高明之处就在于他能看到问题的核心，即销售的核心就是满足客户的需求。

兵法曰：得民心者得天下。其实，满足客户需求者，亦可得"天下"。在越来越市场化的今天，这种理念已被奉为商场竞争的黄金定律、制胜法宝。很多销售人员都明白，只有抓住客户的心，才能在搏杀激烈、竞争残酷的市场中鹰击长空，一鸣惊人。先来看一个古人的例子。

鲁国有两户人家，每家都有两个才华横溢的公子，都是一个习礼，一个学法。一家的两个公子，一个以礼事齐，一个以法事楚，皆富贵。另一家的两个公子，一个以礼事秦，一个以法事韩，却遭杀身之祸。何也？齐以礼治邦，楚以法强国，以礼事齐，以法事楚，可谓适得其所，功成名就。韩弱，以礼保国家，秦强，以法夺天下，以礼事秦，以法事韩，可谓适得其反，最终身败名裂。

以现代的观点来看，在这个故事中，楚、齐、秦、韩皆为客户，只有看清他们的需求，了解他们的意向，按照他们的需求准确供给，才能取得营销的成功。这也让我们明白了一个最简单的道理：客户需求什么，我们就给什么。

消费者的一些需求可能并没有彻底的外化，致力于消费者研究，走进他们的心里，看看他们的欲望是什么？到底需要什么？然后依据他们的需求倾向和喜好对品牌进行再次定位，这样才能在新的市场满足者的队列里居于老大的地位。

所以说，对顾客的研究是要以其对某种生活、工作方式的欲望去着手的。

无疑，顾客的需求不是一成不变的，随着人们对一般产品的基本功能利益的满足，人们的需求更是向着产品的高级卖点和更多的附加价值迈进。

譬如当年人们需要电视机只是希望能够借此收看一些电视节目，以调节单调的生活，但是随着这个需求的满足，人们开始追求从电视机上派生出来的更多利益点，于是企业便不断研发新的技术以满足这些需求，从影碟机接口、卡拉OK设置到现在的信息电视上网冲浪。企业从而也为自己赚取了丰厚的利润。

百事可乐作为一家仅次于老对手可口可乐、排名世界软饮料企业第二把交椅的著名品牌，上世纪60年代改变了过去传统的顾客定位策略，跳出雷同的圈子，清晰地喊出了"新一代的可乐"这个划时代的口号，邀请多位世界级当红偶像明星代言，一举锁定了二战"婴儿潮"时代出生的所谓"新一代"群体。以百事可乐是新生代"专有饮料"的诉求抢夺他的目标消费群体在需要解渴或者"扮酷"时需要购买的其他替代品的市场，有效地扩大了原有的市场份额。

日本的日清系列方便面在面临众多替代品争相抢夺快食和休闲食品市场份额的情况下，1993年向市场发起了一场重要的广告运动，广告词："饿了吗？请用杯面——日清制造！"从而有效地阻击了替代品的一些攻势，不但保住了原有的市场份额，而且从替代品对手那里抢得了一些份额，使日清产品获得了不俗的销售业绩。

无论是百事可乐还是日清方便面，他们在品牌的营销策略中都牢牢地抓住了一点，就是满足顾客对某一产品的潜在欲望。譬如百事可乐大胆地喊出"百事的一代"的口号，使得大批思想叛逆，正在寻觅寄托物的新生代们趋之若鹜，从而获得了目标顾客的青睐。

对于一些对现有的产品和市场依然看好，并且自身具有深度开发产品、市场以及和目标消费者保持着良好关系的企业来讲，在需要新增利润点时，采用扩大现有市场是一个好方法。但是企业需要做的一件大事就是不要再固守原先的单一诉求，必须采取可以覆盖更多消费者的诉求。

2.
第一句话就抓住客户的心

有句话说得好："话不投机半句多。"推销更是如此。开头语，尤其是第一句话说得是否得体，将直接影响着你与顾客的以后往来。

在行销中，特别是在登门推销时，推销员习惯于这样："先生，你需要……吗？"这是最常见的用于第一句话的句式。但这是一种错误的问话方式。因为这不明确的问话显得唐突，十有八九会遭到拒绝。那么，你应该怎样说呢？下面举个例子，希望你能从中得到启发：

假如你要去推销一种高级水果压汁机。当主人打开门时，如果你说："我来是想问您是否愿意购买一个高级水果压汁机。"你若是用这句话来开头，那你就错了。正确的问法是："请问，您家里有高级水果压汁机吗？"听到这样的问题，有水果压汁机的主人可能会说："我家有水果压汁机，不过不是高级的，能看看你的高级水果压汁机是什么样子吗？"当主人这样回答的时候，你就可以从提包里拿出样品，并借题发挥，促使他或她与你达成交易。没有水果压汁机的主人则可能会产生好奇心理，她会说："高级水果压汁机是什么样的？它有什么用处？"这话显然是渴望对高级水果压汁机有所了解。这时，你就可以打开你的提包了。显然，这样的开头至少能够为你自己赢得一次商谈的机会，避免顾客用"不要"把你挡在门外。

下面再来看一个例子——拉弟埃的成功之道：

贝尔那·拉弟埃是"空中汽车"收音机制造公司的著名推销专家，当他被推荐到"空中汽车"公司时，他面临的第一项挑战就是向印度推销汽车。这是件棘手的任务，因为这笔交易已由印度政府初审，未被批准，能否重新寻找成功的机会，全看特派员的谈判本领了。

作为特派员，拉弟埃深知肩上的重任，他稍做准备就飞赴新德里。接待他的是印航主席拉尔少将。拉弟埃到印度后，与他的谈判对手讲的第一句话是："正因为你，我在生日这天有机会回到我出生的地方。"

这是一句非常得体的开头语，它简明扼要，但内涵却极为丰富。它表达了好几层意思：感谢主人慷慨赐予的机会，让他在自己生日这个值得纪念的日子来到贵国，而且富有意义的是：贵国是他的出生地。这个开场白拉近了拉弟埃与拉尔少将的距离。不用说，接弟埃的印度之行取得了成功。

拉弟埃靠着娴熟的营销技巧，为"空中汽车"公司创下了辉煌的业绩：仅在 1979 年一年，他就创纪录地推销出 230 架飞机，价值 420 亿法郎。

寒暄在营销谈判中的作用是十分重要的。但并不是任意的寒暄都能起到这种作用。不恰当的寒暄很可能会弄巧成拙。而寒暄的恰当与不恰当的关键在于话题的选择。什么样的话题是恰当的寒暄话题呢？经验者认为，凡是能引起对方兴致的话题适于作寒暄的话题。下面再看看霍伊拉的例子。

对方的专长爱好是最能引起对方兴致的话题。因此，在谈判之前，推销员要设法了解顾客的专长，以求开局得胜。被美国人誉为"销售大王"的霍伊拉先生就很会这样做。

一次，他听说梅依百货公司有一宗很大的广告生意，便决定将这笔生意揽到自己手中。为此，他开始想方设法了解该公司总经理的专长爱好。经过了解，他得知，这位总经理会驾驶飞机，并以此为乐趣。于是，霍伊拉在同总经理见面、互做介绍后，便不失时机地问道："听说您会驾驶飞机，您是在哪儿学会的？"这一句话，引发了总经理的兴趣，他兴致勃勃地谈起了他的飞机、他的学习驾驶经历。结果霍伊拉不仅得到了广告代理权，还荣幸地乘坐了一回总经理亲自开的专机。

以对方的爱好专长，赞美对方的优点为话题，虽然效果显著，但要了解对方的爱好专长，找出对方独到的优点来赞美，却有些困难。而天气情况则是人人都能感受到，而且是易于谈论的话题。有经验的谈判者是不会放过这一话题的。

我们上面介绍了几种寒暄的话题，但并不是说只有这几种话题适用于寒暄。正像我们在前面所说的，"凡是能引起对方兴致的话题都适于作寒暄的话题"，如国内外大事、风土人情、文体消息等等。

寒暄是很有技巧可讲的。寒暄是正式营销谈判的前奏，它的"调子"定得如何，直接影响着整个营销谈判的过程。因此，对寒暄绝不能轻视。要注意以下两点：

（1）应有主动热情、诚实友善的态度。寒暄时选择合适的方式、合适的话句是非常必要的，但这合适的方式、语句的表示，还有赖于主动热情、诚实友善的态度。只有把这三者有机地结合起来，寒暄的目的才能达到。试想，当别人用冷冰冰的态度对你说"我很高兴见到你"时，你会有一种什么样的感觉。当别人用不屑一顾的态度夸奖你"我发现你很精明能干"时，你又会做何感想？推己及人，我们寒暄时不能不注意态度。

（2）应适可而止，因势利导。做任何事情都有个"度"，寒暄也不例外。恰当适度的寒暄有益于营销谈判，但切忌没完没了，时间不宜过长（当然，对方有聊的兴致时例外）。有经验的推销员，总是善于从寒暄中找到契机，因势利导，言归正传。

3.
人人都希望被赞美

在如何建立良好的人际关系上，其中一条就是"不吝给出真的赞美"。就是说，当他人有优点的时候，应当毫不吝啬地给予真诚的赞美。这对于建立良好的人际关系，对于获得他人的好感，进而得到他人真诚的、热心的帮助是有很大好处的。

每一个人都希望被赞美，销售人员要善于发现他人的优点给予真诚的赞美。

请看一个范例：

销售人员王维正以稳健的步伐走向张总，当视线触及张总时，他轻轻地行礼致意，视线放在张总的鼻端。走近张总前停下，向张总深深地点头行礼。销售人员王维正此时面带微笑，向张总问好及自我介绍。

王维正："张总，您好。我是大华公司的销售人员王维正，请多多指教。"

张总："请坐。"

王维正："谢谢，非常感谢张总在百忙中抽出时间与我会面，我一定要把握住这么好的机会。"

张总："不用客气，我也很高兴见到您。"

（在一开始，王维正非常诚恳地感谢张总的会见，表示要把握住这个难得的机会，让张总感受到自己是个重要的人物。）

王维正："贵公司在张总的领导下，业务领先业界，真是令人钦佩。我拜读过贵公司内部的刊物，知道张总非常重视人性的管理，员工对您都非常爱戴。"

（王维正将事前调查的资料中，将有关尊重人性的管理这点，在寒暄中特别提出来，以便之后对诉求团体保险时能有一个好的前提。）

张总："我们公司是以直接拜访客户为导向，需要员工有冲劲和创意。冲劲及创意都必须靠员工主动去做的，用强迫、威胁的方式是不可能成为一流公司的。因此，我特别强调人性的管理，公司必须尊重员工、照顾员工，员工才会真正地发挥潜力。"

王维正："张总，您的理念确实反映出贵公司经营的特性，真是有远见。我相信贵公司在照顾员工福利方面不遗余力，已经做得非常多。我谨代表本公司向张总报告我们最近推出的一个团保方案，最适合外勤工作人员多的公司采用。"

张总："新的团体保险？"

王维正："是的。张总平常那么照顾员工，我们相信张总对于员工保险这项福利知道的一定很多，不知道目前贵公司有哪些保险的措施呢？"

王维正采用夸奖，并提出询问的手法，一步一步将话题引入自己的正题。

进行有效的夸奖有三种方式：

（1）夸奖对方所做的事及周围的事务。如：您办公室布置得非常高雅。

（2）夸奖后紧接着询问。如：您的皮肤这么白，您看试穿这件黑色的礼服怎么样？

（3）代第三者表达夸奖之意。如：我们总经理要我感谢您对本公司多年以来的照顾。

4.
赠品与优惠，创造客户的被尊重感

　　利用人们无功不受禄、无劳不受惠的心理，给顾客施些小恩小惠，达到目的，也是推销员可以借鉴的方法。有些公司就是利用这一点，在生意还未开始做的时候，先请客人吃顿饭，或者先送一点小礼品给客户，以提高买卖成交率。销售人员要懂得利用礼物或给他人恩惠以赢得潜在客户的好感这一方法。

　　一些小儿科的名医，都有一个特性，他们除了医术好以外，还必须懂得与小朋友沟通的技巧，要能进行有效的沟通，他们第一步是要赢得小朋友的好感。如何迅速地获得小朋友的好感呢？几乎大多数的医生都准备着许多送给看病小朋友的新奇贴纸，如此一来，医生叔叔已不再是打针的叔叔而是送贴纸的叔叔了。

　　日本人最懂得赠送小礼物的奥妙，大多数公司都会费尽心机地制作一些小赠品，供销售人员初次拜访客户时赠送给客户。小赠品的价值不高，却能发挥很大的效力，不管拿到赠品的客户喜欢与否，相信每个人受到别人尊重时，内心的好感都会油然而生。

　　以上种种方式都能使销售员的潜在客户对销售员立即产生好感。若销售员能把这些方法当作自己立身处世的方式，让它成为一种自然的习惯，相信销售员在哪里都会成为一位受欢迎的人物。

　　有些人认为，付出更多不一定会收获更多。的确，付出与收获有些时候不一定是成正比的，但是有一点值得所有人注意，那就是：付出也许不会有收获，但是如果不付出，那就永远没有收获的可能。销售人员需要时刻谨记这一点。销售人员不能仅把为客户准备礼物当成例行公事那样敷衍，而是要真正关心客户的需要，尽量为客户准备他们的真正需要，准备对客户来说比较有价值的礼物。

汤姆·霍普金斯是全美最知名的销售大师之一，他曾经在很多领域从事过销售工作。一次，在他第二次约见客户之前，想到第一次见面时客户谈到他多年前看过的一本书，记得客户当时说："我对那本书的印象非常深刻，可是当时那本书是借来的，之后我再想买它时却一直没有找到，真是遗憾。"汤姆记得妻子曾经买过这样一本书，于是他打电话向妻子说明事情经过，然后在妻子的书房里找到了那本书。当他把这本书递到客户手中时，客户有些意外地说："你还记着这件事情啊，我当时只是说说而已。没想到你能为我带来这本书，真是感谢。"

给他人恩惠或礼物是一种良好的客户服务。良好的客户服务虽然不一定会带来每次销售的成功，但是一定可以为后续的沟通创造机会。销售过程中的服务要着眼于良好的客户感知，所以销售人员为客户提供的服务最好从客户的心理需求出发。优质的服务本身就是对所销售产品的一种增值，现代消费者已经越来越关注产品之外的增值性服务了。你为客户提供的服务越到位、越体贴，客户对你的印象就越深刻。

下面来看一个小礼物影响到重大生意的例子。

一个五金交电公司曾以10块钱的小礼物赚回了大笔的金钱。凡来者，免费赠送10元钱的纪念品。在公司的负责人看来，每个人都喜欢贪小便宜，可是他们又绝不愿平白无故地接受别人的东西，因此他们就会以尽义务的态度来参加订货会，甚至会敞开胸怀来倾听对方的解说。唯有如此，他们才会觉得受之无愧。而一切结果也正如那位负责人所说："那些平白接受了小恩惠的人往往会假意告诉自己和那些推销员，他们是因为真正对商品感兴趣，才来参加这次订货会的。"只不过区区10块钱，使原来心存怀疑的大众变成了积极的听众。

当然，不一定要送礼，替客户解决问题也是对客户施以恩惠的好方法。

几年前，美国多数机关的文书作业是使用大八开的尺寸，大八开要比 B4 尺寸略大，一般复印机只能用 A3 复印后再裁减，非常不方便。这个问题各家复印机厂商的销售人员都很清楚，但复印机都是自国外进口的，国外没有大八开的需求，因此进口的机器根本没有大八开的纸盘提供复印。

施乐的一位销售人员，知道政府机关在复印上存在这个问题，因此，他在拜访某个政府机关的主管前，先去找施乐技术部的人员，询问是否能修改机器，使机器能复印大八开的尺寸，技术部人员知道了这个问题，研究后，发现某一个型号的复印机稍加修改后即可印大八开，销售人员得到这个讯息后，见到该单位的主管，告诉他施乐愿意特别替政府机关解决大八开复印的问题，客户听到后，对施乐产生了无比的好感，在极短的时间内，施乐的这款机器成为政府机关的主力机种。

自然，对于卖主的小恩小惠，如果买主确实不需要这种商品，也不一定为此而蒙受损失，卖主绝不会责怪你的，请尽管放心。小恩小惠的推销术只用于增加感情上的交流，这种办法一时也许会获得良好的效果，但很快会被他人仿效。因此，必须经常改变方式，交替使用，方可制胜。

和潜在客户见面前，是否能事先知道客户面临着哪些问题，有哪些因素困扰着他？你若能以关切的态度站在客户的立场上表达对客户的关心，适当给予客户一些恩惠或者礼物，让客户能感受到你愿意与他共同解决问题，他必定会对你产生好感。

5.
微笑服务，人们拒绝为冷漠埋单

卡耐基说："笑容能照亮所有看到它的人，像穿过乌云的太阳，带给人们温暖。"因为，一个微笑可以打破僵局，一个微笑可以温暖人心，一个微笑可以淡化缺点，一个微笑可以树立信心。对人微笑是一种文明的表现，它显示出一种力量、涵养和暗示。一个刚刚学会保持微笑的年轻人说："当我开始坚持对同事微笑时，起初大家非常迷惑、惊异，后来就是欣喜、赞许，两个月来，我得到的快乐比过去一年中得到的满足感与成就感还要多。现在，我已养成了微笑的习惯，而且我发现人人都对我微笑，过去冷若冰霜的人，现在也热情友好起来。"微笑是一座沟通的桥梁。

罗伯特·布诺温发现，人在群居生活时欢笑的次数是独处时的 30 倍。同时，他还发现，与各种笑话以及有趣的故事相比，和他人建立友好的关系这一目的与笑声的联系似乎更加紧密。在引发我们大笑的各种原因当中，只有 15% 来自于笑话。布诺温通过实验发现，实验参与者处于孤单的环境中时，更多的人会选择自言自语，而不是哈哈大笑。布诺温通过录像记录下了实验参与者在三种不同的环境中观看喜剧电影的情景：独自一人、与同性的陌生人一起以及与同性朋友一起。在让我们发笑的各种原因当中，只有 15% 的原因与笑话有关。想与他人沟通，建立联系，才是我们大多数笑容产生的真正原因和目的。

虽然试验参与者所观看的电影在滑稽程度上并没有太大的区别，但是三组试验者哈哈大笑的次数却有明显的差别。独自一人观看电影的试验者笑的比两人观看电影的试验者都要少，而且他们笑的频率和时间也明显要少很多。在人际交往当中，发生大笑的频率会更高。所有这些数据和结果都证明了一个事实：社交环境中人越多，人们大笑的次数和时间就越多、越长。

微笑如同一剂良药，能感染您身边的每一个人。没有一个人会对一位终日愁眉苦脸、眉头深锁的人产生好感，能以微笑迎人，让别人也产生愉快情绪的人，是最容易取得别人好感的人。销售过程中，对客户真诚地微笑同样具有不可低估的作用。试想，一个带着沮丧的脸与人谈生意和一个和颜悦色面带笑容和人做生意者，客户更乐意接受谁？

销售，说白了就是让客户掏钱来买你的产品，要想取得客户的信赖，请在不乏庄重和稳重的前提下给对方送去让人惬意的、真诚的微笑。即使是难缠的客户，也能使其在你的微笑面前放下架子，这就是微笑的亲和力产生心理信用的结果。

与客户通话，也要面带微笑，虽然对方看不到，但能从你的声音里感觉到。事实证明，在销售中适度的笑不但能吸引客户、留住客户，还能使客户对你难以忘怀，产生好的印象，就算当时没有成效，日后可能在无意间还会再次青睐于你。

在某体彩销售站有一个非常"奇怪"的现象，每天下午 6 点左右，很多人在这家销售站排队买彩票。有人连续观察数天后发现，之所以有很多人愿意到这家销售站买彩票，是因为这个销售站有个非常优秀的销售员。

据了解，这家销售站的销售人员小张是位下岗职工，之前一直在家待业，经朋友介绍，在某体彩销售站从事了销售工作。没想到，她在这家销售站一干就是 3 年。在家待业期间，小张通过读报学习，心智慢慢开悟，并逐渐明白了："微笑生活，才能成就梦想。"当她获得销售体育彩票这份工作后，她总是以饱满的热情和不厌其烦的态度，一脸微笑地迎接每一位彩民，这就是很多人愿意到她的站点买彩票的原因。

真诚微笑能极大地提高自己的销售业绩。当然，销售人员走南闯北，有时刮风下雨、有时天寒地冻、有时烈日炎炎，还有一些人为的因素，不可避免地会带有一些情绪，与客户见面的时候，有时难免会忘了自己的微笑。从心理学的角度来讲，人与人之间的交往，前 10 秒钟最关键，10 秒内决定对方以何种态度跟你接触。微笑是上天赐给我们重要的肢体语言，如果一开始你的肢体语言给对方的印象是"其实我不想见到你"，你认为对方会接受你吗？既然你给对方的感觉是这样的，那么，大家公对公，没什么感情可言，你认为接下来的交谈会愉快吗？所以，不管我们在与客户见面前发生什么事，那是你自己的事，见了客户，首先就要微笑，这比你的着装与你的礼仪更重要。如果你实在是微笑不起来，建议你到了客户的门口，不要进去，先到洗手间先洗个脸，梳一下头发，把脸部肌肉向上方两侧拉 20 次，这样你就会好多了，然后面带真诚的微笑踏着轻快的步伐走进客户的办公室。

当你向他人露出笑容的同时，对方通常都会回以一个同样灿烂的笑脸。如此一来，出于因果效应的作用，双方心中便会自然生出一种对对方的好感。研究证实，会面时，双方如果都面露笑容，就能够使绝大多数的会谈进行得相对顺利，会谈的时间也会相对延长，而且会谈最后通常也能获得更加有利的结果，使双方关系更进一步。而要获得这一切，你需要做的就是慷慨地展露自己的笑脸，并且让微笑成为自己的一种生活习惯。

6.
说客户感兴趣的话题

著名口才大师卡耐基说："即使你喜欢吃香蕉、三明治，但是你不能用这些东西去钓鱼，因为鱼并不喜欢它们。你想钓到鱼，必须下鱼饵才行。"聪明的销售人员在说服客户的时候，懂得迎合客户的嗜好，这样能让对方感觉到受重视、受尊重。当然，这个"迎"，一定要迎合得巧妙，不能让对方看出任何破绽。

愚蠢的人在说服别人的时候，只谈论自己，从来不考虑别人，这样的人永远不会得到别人的认同。说服别人的诀窍就在于，迎合他的兴趣，谈论他最为喜欢的事情。

每个人都有自己感兴趣的东西，比如有的人喜欢篮球，有的人喜欢军事，有的人喜欢音乐，有的人对演艺圈的八卦新闻感兴趣，有的人对书法绘画感兴趣，有的人对烹调食物感兴趣，有的人对神秘现象着迷等等。总之，每个人都有一项或是多项的兴趣，会说话的销售人员在说服别人的过程中，懂得迎合别人的兴趣，以他人的兴趣为话题。

宋小姐是一家房地产公司总裁的公关助理，奉命聘请一位著名的园林设计师为本公司的一个大型园林项目做设计顾问。但这位设计师已退休在家多年，且此人性情清高孤傲，一般人很难请得动他。

为了博得老设计师的欢心，宋小姐事先做了一番调查，她了解到老设计师平时喜欢作画，便花了几天时间读了几本中国美术方面的书籍。她来到老设计师家中，刚开始，老设计师对她的态度很冷淡，宋小姐就装作不经意地发现老设计师的画案上放着一幅刚画完的国画，便边欣赏边赞叹道：

"老先生的这幅丹青，景象新奇，意境宏深，真是好画啊！"一番话使老先生升腾起愉悦感和自豪感。

接着，宋小姐又说："老先生，您是学清代山水名家石涛的风格吧？"这样，就进一步激发了老设计师的谈话兴趣。果然，他的态度转变了，话也多了起来。接着，宋小姐对所谈话题着意挖掘，环环相扣，使两人的感情越来越近。终于，宋小姐说服了老设计师，出任其公司的设计顾问。

人类最深层的驱动力就是希望自己具有重要性。你要别人怎么待你，就得先怎样待别人。那么，你想让别人对你感兴趣的办法只有一个，那就是先对别人感兴趣。

在建立良好关系的过程中，实现双方兴趣上的一致是很重要的。只要双方喜欢同样的事情，彼此的感情就容易融洽，这是合乎逻辑的，推而广之，对其他许多事情，彼此也就愿意合作了。

一般人都希望与自己相处的人有许多不同的兴趣，有的他特别喜欢，有的会比较淡泊。如果可能的话，你应尽量找出他们最感兴趣的事，然后再从这方面去接近他。倘若没有机会，或者这种机会不容易得到，那么也该尽可能地去选择他最大的兴趣入手，主要的目的是要使他对你产生兴趣。

想要与别人的特殊兴趣建立一种特殊关系，必须把你的真实兴趣表现出来。单单说一句很感兴趣的话是不够的。

问题在于你怎么能使他人了解你对某件事情的确和他有同样的兴趣。因此，你必须对这类事情具有相当的认知，证明你是有过研究的。越是值得接近的人，你就越应该努力对他所感兴趣的事情做进一步的了解，使你能够应付他，使他乐意分享你所想知道的事情。就像幼儿园的教师有许多办法去哄小朋友，把一群哭哭闹闹的小孩哄得高高兴兴。这当然有她们成功的原因，其原因是她们能放弃自己的个性去迎合小朋友的兴趣和思想。这种做法纯粹是出于热诚，而热诚永远是成功的因素，当你的内心充满热诚时，你向别人提出的将不是一个令人难堪的问题，而是别人乐于回答的问题。

你知道某人去过美国，如果你向他问及美国的事情，他一定会非常高兴，滔滔不绝地讲到美国的许多事情，即使你只不过想问问有关美国入境的手续，他也会连带告诉你纽约帝国大厦的电梯快到什么程度。

这里提供专家给出实现和他人兴趣一致的三个步骤，销售员或许能从中受到一点启示：

（1）找出别人感兴趣的事物；

（2）对他感兴趣的题目应该先获得若干知识；

（3）要表现出你对那些事物确实感兴趣。

7.
帮客户买东西，而不是只为自己赚钱

有人说，"钱从客户口袋到销售人员口袋这一段距离是世界上最长的距离"，形容得很贴切。只要客户不掏钱出来，我们就永远得不到，所以如何缩短这一段距离是至关重要的。

在与客户的沟通以及相处中随时以"利他"的思考方式去进行，真诚帮助客户，让客户处在最佳利益的状态，让客户觉得贴心，这样，才会帮客户解决困扰，才会让客户喜欢买你推销的产品，才会让客户将你视为朋友，而不只是一个老想把产品卖给他的一个销售人员而已。利他的思考方式可以让我们跟客户站在同一阵线去解决问题，你是他的最佳战友，而不是站在你销我买的对立立场。最后让他觉得你可以帮他决定，这样你就成功了。

销售过程中，如果你能让客户记住你，这意味着你已经成功了一半；因为客户记住你的前提是：一是对你个人的印象较好；另一方面也是对企业的满意，此时的你即代表着企业！然而怎样才能让客户很好的记住你呢？《人性的弱点》一书里说过，人记忆最深刻的莫过于给自己最大帮助的人，因此帮助客户是让客户记住你、记住企业的最根本方法。给客户提供更多无偿的帮助，往往最能给客户留下深刻的印象。

客户在面对销售人员时可能充满了警惕和防范，因为他们害怕一不小心就进入销售人员精心设计的"圈套"。客户如此小心翼翼的根源，就在于某些销售人员根本就不真诚地对待客户，更不会积极地关注客户的具体需求。为了达到自己的销售目标，他们可谓动足了脑筋，可是结果却常常是"机关算尽太聪明，反误了卿卿性命"——他们可能会实现短期的销售目标，但是往往会在最后关头走投无路。扭转这种局面的唯一方法就是用自己的真诚去关心客户，诚心诚意地帮助客户解决问题。只有这样，客户对销售人员的误解和疑虑才能消除，接下来的沟通自然会顺畅得多。

商场的某冰箱展台迎来了两位60岁左右的顾客，他们一边仔细看展台上的各种冰箱，一边互相研究和商量。当时在场的一名员工小王看到了两位老人，他热情地迎上去，同时认真地向他们介绍冰箱的功能、质量、服务、价格等。看到品牌如此丰富的冰箱展台，两位老人一时拿不定主意。他们告诉小王："我们再到其他展台看一看，比较一下再做决定。"

半小时后，小王看到两位老人又回来了，通过询问得知，他们还是没有做出决定。不过他们表示，今天是肯定要把冰箱买回去的，只是要先回去取钱。当时外面正好下着雨，小王迅速把雨伞递到两位老人面前。两位老人起初不愿接受，他们认为："还没决定购买哪种冰箱，恐怕到时候不好归还。"可是小王却说："送你们伞属于我的个人行为，与你们是否购买我们的冰箱没有关系，再说我们有义务帮助像你们一样需要帮助的人。"在得知家中只有两位老人时，小王建议他们购买一款小型冰箱，这样既省电，使用起来又方便。最终，两位老人决定从他所在的展台购买冰箱，因为他们觉得这里的销售人员是真心诚意为客户服务的。

当客户需要帮助时，就是销售人员对他们更加关注的绝妙时机，也是销售成功的大好机会。很多事实都证明，我们对于曾经帮助过我们的人无法拒绝，如果我们曾经无偿帮助过客户，那么销售就变得容易。

很多年以前，在一个暴风雨的晚上，有一对老夫妇走进一家旅馆的大厅要求订房。

"很抱歉，"柜台里一位年轻的服务生说，"我们这里已经被团体包下了。往常碰到这种情况时，我们都会把客人介绍到另一家旅馆，可是这次很不凑巧，据我所知，附近的旅馆都已经客满了。"

看到老夫妇一脸的遗憾，服务生赶紧说："先生，太太，在这样的夜晚，我实在不敢想象你们离开这里却又投宿无门的处境。如果你们不嫌弃的话，可以在我的房间里住一晚，那里虽然不是豪华套房，却十分干净。我今天晚上要在这里加班工作。"

这对老夫妇感到很不好意思，但他们还是谦和有礼地接受了服务生的好意。

第二天一大早，当老先生下楼来付住宿费的时候，那位服务生依然在班，但他婉言拒绝了老先生，说："我的房间是免费借给你们住的，我昨天晚上在这里已经挣取了额外的钟点费，房间的费用本来就包含在里面了。"

老先生说："你这样的员工是每一个旅馆老板梦寐以求的，也许有一天我会为你盖一座旅馆。"

年轻的服务生听了笑了笑，他明白老夫妇的好心，但他只当它是一个玩笑。

又过了几年，那个柜台服务生依然在那家旅馆上班。有一天，他忽然接到老先生的来信，信中清晰地叙述了他对那个暴风雨夜的记忆。老先生邀请服务生到曼哈顿去和他见上一面，并附上了往返的机票。

几天以后，服务生来到曼哈顿见到了老先生。老先生指着眼前的建筑物解释说："这就是我专门为你建的饭店，我曾经对你说过的，你还记得吗？"

"您在开玩笑吧？"服务生不敢相信地说，"我有点糊涂了，请问这是为什么？"

老先生很温和地说："我的名字叫威廉·渥道夫·埃斯特。这其中并没有什么阴谋，因为我认为你是经营这家饭店的最佳人选。"

这家饭店就是美国著名的渥道夫·爱斯特莉亚饭店的前身，这个年轻的服务生就是该饭店的第一任总经理乔治·伯特。乔治·伯特怎么也没有想到，自己用一次真诚的服务换来的竟是一生辉煌的回报。

经济学告诉我们，最稀缺的东西最值钱。在当今社会中，什么是最稀缺的呢？真诚最稀缺。尽可能真诚地帮助更多的人，成功就会来陪伴你，生活常常就是这样。

8.
多听少说，需求都是客户自己说出来的

一天，有位年轻人来找苏格拉底，说是要向他请教演讲术，可年轻人为了表现自己，滔滔不绝地讲了许多话。待他讲完，苏格拉底说："可以考虑收你作学生，但要缴纳双倍的学费。"年轻人很惊讶，问苏格拉底："为什么要双倍呢？"苏格拉底说："我除了要教你怎样演讲外，还要再给你上一门课，就是怎样闭嘴。"看来，苏格拉底不喜欢在跟人谈话时只管自己滔滔不绝，容不得他人插嘴的人。难怪他对人说："上帝给了我们两只耳朵，而只有一张嘴，显然是希望我们多听少说。"

销售员在与顾客交谈时，倾听也是十分重要的。卡耐基说："在生意场上，做一名好的听众远比自己夸夸其谈有用得多。如果你对客户的话感兴趣，并且有急切想听下去的愿望，那么订单通常会不请自来。"与客户沟通的过程是一个双向的、互动的过程：从销售人员一方来说，他们需要通过陈述来向客户传递相关信息，以达到说服客户的目的。同时，销售人员也需要通过提问和倾听接收来自客户的信息，如果不能从客户那里获得必要的信息，那么销售人员的整个推销活动都将事倍功半；从客户一方来说，他们既需要在销售人员的介绍中获得产品或服务的相关信息，也需要通过接受销售人员的劝说来坚定购买信心，同时，他们还需要通过一定的陈述来表达自己的需求和意见，甚至有时候，他们还需要向销售人员倾诉自己遇到的难题等。可见，在整个销售沟通过程中，客户并不只是被动地接受劝说和聆听介绍，他们也要表达自己的意见和要求，也需要得到沟通的另一方——销售人员的认真倾听。

管理学专家汤姆·彼得斯和南希·奥斯汀在他们合著的《追求卓越》一书中谈到了有效倾听的重要性。他们认为，有效的倾听至少可以使销售人员直接从客户口中获得重要信息，而不必通过其他中间环节，这样就可以尽可能地免去事实在输送过程中被扭曲的风险。两位管理学专家还认为，有效的倾听还可以使被倾听者产生被关注、被尊重的感觉，他们会因此而更加积极地投入到整个沟通的过程当中。

最有价值的人，不一定是最能说的人。善于倾听，才是人成熟的最基本表现。

学会倾听可以使销售人员直接从客户口中获得相关信息。众所周知，在传递信息的过程中，总会有或多或少的信息损耗和失真，经历的环节越多，传递的渠道越复杂，信息的损耗和失真程度就越大。所以，经历的环节越少，信息传递的渠道越直接，人们获得的信息就越充分、越准确。

当销售人员认认真真地倾听客户谈话时，客户可以畅所欲言地提出自己的意见和要求，这除了可以满足他们表达内心想法的需求，也可以让他们在倾诉和被倾听中获得关爱和自信。客户希望得到销售人员的关心与尊重，而销售人员的认真倾听则可以使他们的这一希望得以实现。一个懂得倾听他人说话的销售人员无疑在向客户表明，自己十分重视他们的需求，并且正在努力满足他们的需求。

倾听当然并不只是销售人员坐在那里单纯地听那么简单，销售人员的倾听是为达成交易而服务的。也就是说，销售人员要为了交易的成功而倾听，而不是为了倾听而倾听。在倾听的过程中，销售人员可以通过客户传达出的相关信息判断客户的真正需求和关注的重点问题，然后，销售人员就可以针对这些需求和问题寻找解决的办法，从而令客户感到满足，最终实现成交。如果销售人员对客户提出的相关信息置之不理或者理解得不够到位，那么这种倾听就不能算得上是有效的倾听，自然也不可能利用听到的有效信息抓住成交的最佳时机。

客户在倾诉过程中需要得到销售人员的及时回应，如果销售人员不作任何回应，客户就会觉得这种谈话非常无味。必要的回应可以使客户感到被支持和认可，当客户讲到要点或停顿的间隙，销售人员可以点头，适当给予回应，以激发客户继续说下去的兴趣。例如：

客户："除了黄色和白色，其他的颜色我都不太满意。"

销售人员："噢，是吗？您觉得淡蓝色如何呢？"

客户："淡蓝色也不错，另外……"

学会倾听就是要尽可能地让客户多说话，他们说的越多透露的信息就越多，而且在说的过程当中，他们会逐渐坚定购买的决心。要真诚地聆听客户的谈话，不要假装感兴趣；在合适的时候对客户的话做出回应，否则客户会认为你无心倾听，从而造成销售的失败；可以稍微记录客户说话的要点，但是不要只顾着埋头记笔记，因为那样的话，会令客户感到这场谈话很无趣；即使客户谈论的话题非常不符合你的口味，也不要表现出排斥情绪，有可能的话引导客户换一个话题；不要随意打断客户谈话，即使认为客户的某些观点不正确，也不要随便打断或纠正。

真正的倾听是暂时忘却自己的思想、期待、成见和愿望。全神贯注地理解对方讲话的内容，与讲话者一起去亲身感悟、经历整个过程。在中国的古文里，"听"这个字是由四部分组成的：心、脑、耳、眼。仅有听的打算远远不够，你还必须全身心地投入，不用任何技巧就能进入倾听状态的人是幸运的。

听是收集和给予正确信息的关键，它影响我们过滤和筛选信息的效果，是影响沟通效果的关键。倾听在建立和维持良好关系、避免冲突和误解方面也是非常重要的。那些与别人协作得很好的人中，90%的人将告诉你，这秘诀包含了倾听的能力。

积极倾听是最高水准的倾听，它能够带给我们更多的信息、更好的理解和交流的效果。

积极倾听能够激发讲话者和听众的灵感，使双方积极参与到交流中来。首先，它需要听者积极的心理活动来理解讲话的内容。把这种理解反馈给讲话者，同时也给予听者检查听的效果和理解程度的余地；其次，积极倾听的反馈能够帮助讲话者澄清思想，使交流更加准确。有些思想讲话者本身也不清晰，他们很难精确地解释其含义。积极倾听的反馈能帮助讲话者发展他们的思想，给予他们机会澄清想说的内容或激发他们做进一步的补充。通过积极的倾听你可以收集到更多的信息，使交流的"交谊舞"跳得更加令人满意。

9.
要善于拜客户为师

请教问题是吸引潜在客户注意的一个很好的方法，特别是你能找出一些与业务相关的问题。当客户表达看法时，不但能引起客户的注意，同时也能了解客户的想法，另一方面也满足了潜在客户被人请教的优越感。

客户才是我们真正的老师。为什么这么说呢？你和客户约会见面，可以学会如何礼貌地介绍自己，有效地安排双方都愿意接受的会面日程；你和客户见面时，可以学会准时、从容礼貌的开场白。在客户有突发事情无法按时赴约时，你可以学会理解，并锻炼自己等待的耐心；当客户和你坦诚交流时，你会学到自己所必须了解的现场应用及真正的客户需求，即使客户的态度不客气，你也能学会如何换位思考，赢得客户的尊敬；当客户交给你一份合同，你会懂得信任和学会兑现承诺；你在和客户交流时，无论他们是有意还是无意，都会促使你快速、积极地调动和组织你那曾经似是而非的产品知识、专业知识和销售技巧，你会学着检验曾经的所学所悟是否有价值。因为知识只有被传递到客户那里，并且为他们带来了价值，才能说是有价值的，只要你有足够的诚意，客户也能够教会你应用知识、教会你该如何在他们那里得到认可，甚至教会你如何才能够实现差异化，走在竞争对手的前面。

小王在开始做销售时，是从客户那里学来的关于产品有什么用、如何用的知识。这做法看似幼稚，实则非常聪明，起码比那些自认为比客户懂得更多、试图给客户洗脑的人聪明得多。谈到成功销售的关键因素，小王就会说要了解客户需求，为客户提供解决方案，找到切入点，了解与竞争对手的差异化等等。

那么，谁最了解客户的需求呢？当然是客户自己。所以你在开始接触客户时，一定要把自己当作学生，虚心请教，才会赢得客户的信任，他们才会把需求明白地告诉你。你也才有机会真正地把你的产品和客户的需求结合在一起，从而找到最合适的，有差异化的解决方案，领先你的竞争对手。那种抱着"给客户洗脑的想法"的人是不会得到客户信任的。通常客户都不会把最关键的问题告诉那些他们还不信任的销售人员，因为他们不愿意在不信任的销售人员身上浪费时间，也不相信这些销售人员能够真正地帮助他们解决问题。

一旦你的解决方案成功地被客户认可，你就可以在下一个客户那里有更多可交流的东西，可以为新客户提供更大的价值。那么，前一个客户在你的成长过程中不是起到了导师的作用了吗？

销售人员经常苦于找不到切入点。为什么呢？因为任何一个客户都有自己独特的决策过程和方式。决策链上的每一个人都有自己的个性和习惯。作为一个新面孔的你，如何能够尽快了解和掌握这些，并制定出行之有效的行动计划呢？很显然找到一个客户指导是关键。注意，客户指导不是要帮你说话的人，而是帮助你找到决策链，指导你用正确的方法工作，从而少走弯路的人。

当然还有很多的例子来说明拜客户为师的重要性。最关键的是我们一定要有这样的态度，内心里真正去这么想，行动上才能真正地这么做。

10.
回归产品本质，从实用性角度出发

每一样产品都有它独有的特性，不管你知不知道它是什么，或会不会使用，它已存在于产品身上。产品的特性是指产品设计上给予的特性及功能。你可从各种角度发现产品的特性，例如从材料着手：如衣服的材料是棉、麻、丝、混纺；从功能着手：如录影机具有定时录影的功能；从式样着手：如流线型的设计。

产品的优点是指产品特性的有利点，如：棉的衣服能吸汗、毛的温暖、丝的轻柔；传真机有记忆装置，能自动传递到设定的多数对象；组合的隔间能随时移动等。

特殊利益指的是能满足客户本身特殊的需求，例如：您每天都要和国外各分公司联络，因此使用传真机的效率较高，能节省大量的国际电话费；牙膏有苹果的香味，闻起来很香，让小朋友每天都喜欢刷牙，可避免牙齿被蛀；这双鞋的设计是在正式场合穿的，但鞋底非常柔软富有弹性，很适合步行上下班的您来穿。

特性及优点是以厂商设计、生产产品的角度，赋予商品的特性及优点以满足目标市场客户层的喜好，但不可否认的一个事实是每位客户都有不同的购买动机，真正影响客户购买的决定因素，绝对不是因为商品优点和特性加起来最多而购买，你的商品有再多的特性与优点，若不能让客户知道或客户不认为会使用到，再好的特性及优点，对客户而言，都不能称为利益；反之，若你能发掘客户的特殊需求，而能找出产品的特性及优点，满足客户的特殊需求，或解决客户的特殊问题，这个特点就有无穷的价值，这也是销售人员存在的价值，否则根本不需要有销售人员。而销售人员对客户最大的贡献，就是能够满足客户的特殊需求，或帮助客户获得最大的满足。

如何让客户得到最大的满足呢？销售人员带给客户累积的特殊利益愈多，客户愈能得到最大的满足。

也就是说，我们要掌握将特性转换成特殊利益的技巧，具体步骤如下：

（1）从事实调查中发掘客户的特殊需求；

（2）从询问技巧中发掘客户的特殊要求；

（3）介绍产品的特性及说明产品的特点；

（4）介绍产品的优点并说明这种优点的特别之处；

（5）介绍产品的特殊利益，阐述产品能满足客户的特殊需求。

技巧之外，最终落实到的，就是为客户寻找购买的理由，让顾客购买。

仔细想想看，当你决定购买一些东西时，是不是有时候你很清楚你购买的理由？有些东西也许你事先也没想到要购买，但是一旦你决定购买时，总是有一些理由支持你去做这件事。

再仔细推敲一下，这些购买的理由正是我们最关心的利益点。例如一位女士最近换了一台体积很小的微型车，省油、价格便宜、停车方便，这些都是车子的优点，但真正的理由是她路边停车的技术太差，常常都因停车技术不好而发生尴尬的事情，这种微型车，车身较短，它能完全解决这位女士停车技术差的困扰，她就是因为这个利益点才决定购买的。

因此，我们可从探讨客户购买产品的理由，找出客户购买的动机，发现客户最关心的利益点。充分了解一个人购买东西有哪些可能的理由，能帮助你提早找出客户关心的利益点。

你可从9个方面了解一般人购买商品的理由：

（1）商品给他的整体印象

广告人最懂得从商品的整体印象来满足客户购买产品的动机。"劳力士手表"、"奔驰汽车"虽然是不同的商品，但它们都能满足客户象征地位的利益。整体形象的诉求，最能满足个性、生活方式、地位显赫人士的特殊需求。针对这些人，在销售时，不妨从此处着手试探潜在客户最关心的利益点是否在此。

（2）成长欲、成功欲

成长欲、成功欲是人类需求中的一种，类似于马斯洛所说的自我成长、自我实现的需求。例如电脑能提升工作效率，想要自我提升的人就想到电脑补习班去进修电脑；想要成为专业的经纪人，就会参加一些管理的研习会。上电脑课、参加研习班就是在满足个人成长的需求，这种需求是这些人关心的利益点。

（3）安全、安心

满足个人安全、安心而设计的有形、无形的产品数不胜数；无形的产品如各种保险，有形的产品如防火的建材。安全、安心也是潜在客户选购产品经常会考虑的理由之一。一位销售儿童玩具的销售人员，提到每次有家长带小朋友购买玩具时，由于玩具种类很多，很难取舍，但是只要在关键时机，巧妙地告诉家长，某个玩具的设计是如何考虑到小朋友的安全性时，家长们几乎都会立刻决定购买。

（4）人际关系

人际关系也是购买的一项重要理由。例如经过朋友、同学、亲戚、师长、同事们的介绍而迅速完成交易的例子也是不胜枚举。

（5）便利

便利是带给个人利益的一个重点。例如汽车变速器自动的便利性是吸引许多女性购车的重要理由，电脑软件设计时的简便性也是客户发展的重点，便利性是打动许多人购买的关键因素。

（6）系统化

随着电子技术的革新，现在许多企业都不遗余力地进行着工厂自动化、办公室自动化（OA）的发展。这些企业购买电脑、打印机、复印机、传真机等所谓 OA 产品的时候，普遍都以能否构成网络为条件而选择，这即是因系统化而购买的例子。其他如音响、保安系统化等都是能引起客户关心的利益点。

（7）兴趣、嗜好

你销售的商品若能和客户的兴趣、嗜好结合在一起，抓住这点诉求，一定能让双方实现共赢。

（8）价格

价格是客户选购产品的理由之一，若是你的客户对价格非常重视，你就可向他推荐在价格上能满足他的商品，否则你只有找出更多的特殊利益以提升产品的价值，使他认为值得购买。

（9）服务

服务分为售前、售中及售后服务。因服务好这个理由而吸引客户络绎不绝地进出的商店、餐馆、酒吧等的例子比比皆是；售后服务更具有满足客户安全及安心的需求。因此，服务也是你找出客户关心的利益点之一。

以上9个方面能帮助你及早探测出客户关心的利益点，只有客户接受你销售的利益点，你与客户的沟通才会有交集。如果推销员能了解到顾客的利益需求所在，那就比较容易吸引其注意。

第五章

电话推销
——你为何总吃"闭门羹"

有关调查表明，有 65% 的居民使用过电话查询和咨询业务，有 20% 的居民使用过电话预订和电话购物。现代生活追求快节奏、高效率，电话销售作为一种普遍的推销方式走进了千家万户。但随着电话推销的广泛使用，顾客对推销的免疫力也随之增强。很多人会直接挂断电话，不给推销员任何机会。如何在短时间内吸引顾客，如何找到直接负责人，并快速邀约，是本章将重点介绍的技巧。

1.
打电话之前，千万别怕

电话销售行业整体成功率并不高。有的产品推销起来比较简单，成功率能高达 50%，例如通信行业的增值业务系列；有的产品推销起来比较复杂且价格较高，成功率可能在 3‰左右。电话销售行业平均成功率约为 3%。这就意味着，做电话销售，拒绝是一种常态。

但如何面对拒绝呢？电话销售人员一方面可以不断提升自己的电话沟通水平，降低自己被拒绝的概率；另一方要学会自我调整心态，勇敢地面对每一次拒绝，每个人都有很大的潜力，刚从事电话销售的人不要因为自己受到了一点打击就感到绝望。要勇敢地面对一切问题，只有这样，才能不断地成长，最后取得成功。

周涛现在已是某公司的业务经理，回想两年前她第一次做电话业务员时的情景，感慨万千。

当时，她带着满腔的激情，应聘了第一份工作——电话推销员。第一次打电话前，她犹豫了足足一刻钟，最终还是用颤抖的手拿起了沉重的听筒。

电话铃声响过以后，另一头拿起了电话，是一个中年妇女不耐烦的声音，周涛"做"了个笑脸说："我、我是 ×× 广告公司的，请问您有……"只听得电话那头不耐烦的一声："做业务的，没有！"

"砰"，电话挂上了。

当她艰难地拨第二个电话时，一位女士接起电话，警惕地问她来干什么，当周涛说出缘由时，她说声"不做"，也顺势把电话挂上了。

……

就这样，从早上到中午，周涛遭到了无数次的拒绝与打击。所有的电话，都毫不留情地对她挂上了，只剩下最后一个电话号码，周涛这时反而不再害怕。不知为什么，她心头莫名地涌起一种悲壮，两手不再颤抖，从容地微笑着。

最后一个电话接通了，是一位少女微笑着的声音。她说："这是你打的第几个电话啊？"

"我今天所有电话号码的最后一个。"

"真是不容易啊！"

而实际上，在打第一个电话时，周涛就紧张得喘不过气来，甚至结巴得连话都说不出来。

周涛十分感动，因为少女用同情嘉奖了她最后的努力，并给了她信心，而她在下班的时候，也对所有被挂掉的电话心怀感激。

她心怀感激，因为从某种意义上说，是它们激发了她的斗志，从而战胜了羞怯，强化了信心。

每个人都会有胆怯心理，世界上无所畏惧的人是不存在的，任何人在面对陌生的环境、陌生的人群都会产生恐惧心理，有很多电话营销员因此而很难坦然、轻松地面对客户，这都是人性使然，是一种很正常的心理反应。其实，从打电话开始，一直到令人满意地签下合约，这条路上一直是充满惊险的。因为你急切地想得到，所以你害怕会失去。如何避免这种状况发生呢？无疑只有靠内心的自我调节，这种自我调节要基于以下考虑：就好像推销员的商品能够解决客户的问题一样，优秀的电话营销员应该能帮助客户做出正确的决定。成功的途径有很多，每一条路上，你都需要保持冷静，并且有信心地坚持目标，别怕让客户下决定，即便结果出乎你的意料。

在客户面前感到胆怯，很大程度上是缘于电话营销员有一种潜意识的职业自卑感，他们觉得自己似乎是在乞讨谋生，而不是在帮助他人。产生职业自卑感的主要原因是没有认识到自己工作的社会意义和价值。电话营销工作是为社会大众谋利益的工作，顾客从电话营销中得到的好处远比电话营销员多。电话营销员要培养自己的职业自豪感。电话营销人员其实是个帮助人的好角色——那有什么好害怕的呢？签订合约这个电话营销努力的辉煌结果，是双方都希望达到的一个共同目标，各得所需。而电话营销人员和客户，本来就不是对立的南北两极。

在你感到紧张的时候，你可以设想一下生意成交后的美景，客户对你的服务无比满意，这样的想法将有助于你化解紧张，镇定自若地与客户交流。

刚进职场的新员工大部分都没有过电话销售的经验，在刚入职的头三天可能会热情高涨地去打电话联系客户，之后就会出现很明显地不敢打电话，害怕客户拒绝、挂电话等情况。基本表现形式就是经常坐在电话旁发呆，看资料看很久，经常看身边的同事在做什么，有的甚至会打电话跟自己的朋友聊天等。

要想改变这种局面，解决办法有：首先，如果想做好销售这份工作，这是必须经历的阶段，目前出现这种问题很正常，很多人都经历过，坚持下去一定会成功；其次，可以从有经验的人身上学习技巧，锻炼心理素质。

作为电话营销员一定要胆子大，如果胆子不够大，心理素质不够好，就会直接影响你的成功机率，针对这个问题我们有以下几个对策，供大家参考：

（1）心态不怎么好，心里面总在想打陌生电话找不到人，更何谈销售产品。不是每通电话都能找到人，也不是每通电话都能如愿，大家心态要平和。

（2）不清楚如何开头，如何寻找潜在的客户。

可以细心琢磨一些吸引其兴趣和注意的办法；关于如何寻找客户，可以借助互联网、报纸、电视广告、杂志、朋友介绍、名录提供商等渠道获得。

（3）电话通了，不知道该说些什么。

这个问题请参考第 2 条，每个行业虽有一些差异，但基本都是一样的，

第一次通话是很重要的，电话营销脚本可以让你们公司出一套，细节决定成功，销售一定要重视细节。

（4）打电话一般找不到负责人，就会被前台拦住。

现在广告电话满天飞，这个问题是没有办法避免的，下面给出了一些技巧可以参考。在说话的时候要底气足，不要怕，要随机应变，即使失败也没有关系。

以下几个技巧可以给你壮胆：

a. 熟练的行话。如果你用销售对象所在领域的行话说话，就比那些说话不着边际的人更胜一筹。了解那些复杂的术语自然不错，但更重要的是要知道该怎么用。

b. 尽可能做到对商品的了解跟客户一样多。

c. 温柔美妙的语言。选最好的词汇和语句，为你的商品增光添彩。

d. 权威的口吻。如果你声音微弱、意气消沉或者吞吞吐吐，那么不等客户听完你的话，你已经把自己打败了。要对自己和自己要做的事信心十足。

大多数的营销人员经历过恐惧，这没有什么可害羞的。因此可以大胆地承认，把恐惧释放出来，从而可以在以后的工作中去克服它。我们不能否认所有营销人员有时会有的正常情绪，承认你不想向那些不想见你的人打营销电话，同时你不倾向于谈论你不想谈论的事情，这很正常，我们都有情绪和事业的低谷和高潮。

2. 客户喜欢听到有力的声音

恰当自然地运用声调，是顺利交往和销售成功的条件。一般情况下，柔和的声调表示坦率和友善，在激动时自然会有颤抖，表示同情时略为低沉。不管说什么样的话，阴阳怪气的，就显得冷嘲热讽；用鼻音哼声往往显得傲慢、冷漠、恼怒和鄙视，是缺乏诚意的，会引起不快。

声音质量包括：高低音、节奏、音量、语调、抑扬顿挫。语调就像画图，会直接影响客户的反应。在某种意义上，声音是人的第二外貌。一个词语的发音，音调的细微区别远远超过了我们的想象，在通电话的最初几秒钟内能"阅读"到用户声音中的许多内容。你的语音、语调以及声调变化占你说话可信度的84%，因此，请给您的声音添加色彩。

音调的高低可引起对方的兴趣与注意，对风度翩翩、谈吐不俗的人，注意他们的谈话，记下他们的优点，多加琢磨，以提高自己的水准。

无论是面对面与客户沟通，还是通过电话与客户沟通，感染力无疑都是影响沟通效果的一个重要因素。我们都知道，沟通中的感染力主要来自于三个方面：身体语言、声音和措辞。当我们通过电话与客户沟通时，我们与客户相互看不到，那这种感染力从常规上讲将更多地体现在你的声音和你的措辞上。

一般来讲，影响声音特性的主要因素有：

（1）积极。积极的心态会使你的声音听起来也很积极而有活力。

（2）热情。热情可以感染客户，这是毫无疑问的！

（3）节奏。节奏一方面是指自己讲话的语速，另一方面也是指对客户所讲问题的反应速度。

（4）语气。与客户通电话时，语气要不卑不亢。即不要让客户感觉到我们是在求他们，例如"你看，这件事情，啊，全靠您了"等，这种唯唯诺诺的语气只会传送一种消极的印象给客户，而且也不利于建立专业形象。

（5）语调。语调不能太高，如果是男声，低沉、雄厚、有力的声音会更具有吸引力，男声特别注意不要太尖，或太似女声，娘娘腔。同时，讲话时语调的运用要有抑扬顿挫之感。

（6）音量。音量不能太大，太大有些刺耳，当然太小也会使对方听不到。

而在措辞方面，重点要素有：简洁、专业、自信、积极、停顿、保持流畅。

还有一点我们要注意，虽然电话中我们与客户彼此看不到，但这并不等于说我们的身体语言不会带有感染力，因为你的身体语言会影响你声音的感染力。

强有力的声音会使你的客户很快接受你、喜欢你，对建立瞬间的亲和力有很大的帮助。

电话营销时，你最初的几句话，所运用的语调应是沉稳、镇静和强有力的，不要过高或过低，你的话应该流利地而不是犹豫不决地说出来，肯定地甚至是有节奏地强调关键词和语句。

3.
开场白，寻找有效的切入点

我们都知道，电话业务最大的特点是人在电话线的两端，看不到彼此的容貌举止，所以你的声音和语气将决定接线人对你的印象。如果想让别人听下去，就要给接线人一个良好的印象，进而为自己塑造一个良好的电话性格。这样，第一句话是关键。可以说，这一句说好了就成功了一半。

一个新业务员在收集了一家公司的资料后，准备与该公司的主管进行一次电话交谈。

电话拨通，有人接电话：

"喂？"

"喂，我是天乐电脑商贸有限公司的，我公司有一种微电脑数位控制的全稳压不停顿 −220 伏交流电源系统，是专为网站系统和精密电子仪器用户设计的。请问你们是'凯迪物业'吗？我找一下你们总经理。"

"打错了。"对方已挂断电话。

原因何在呢？

在绕障碍阶段，业务员要给接线人充分的尊重。而尊重的语气，首先表现在礼貌的寒暄、言语的适当停顿和聆听接线人的反应上。在上面这个例子中，业务人员话一出口就是冗长不停的句式，没有招呼，语意唐突，术语多多，不顾接线人反应，令对方不得要领。这样不仅导致接线人对你的第一印象欠佳，还会给人一种骚扰电话的感觉。

可以这样说：

"您好，我是天乐电脑，有个样品介绍单，我们给总经理发个E—mail，您知道总经理的电话吧，我记一下？"这个介绍单的真假无关紧要，关键是，这是一个很好的试探，给双方都留有谈话的余地，礼貌地回避了那些引人反感的啰嗦话。因为清楚明了，合情合理，你就很容易得到接线人的认可。

打电话做销售拜访的目标是获得一个机会。电话做销售应该持续大约3分钟，而且应该专注于介绍你自己、你的产品，大概了解一下对方的需求，以便你给出一个很好的理由让对方愿意花费宝贵的时间和你交谈。最重要的别忘了与对方约定见面。

拒绝一件事情可以找到一万个理由，而接受一件事情可能只需要一个理由。所以电话营销的成功率一般不超过3%，这是很正常的事情。

下面谈谈有效沟通的三招半。

第一招，问问题。我们做电话营销一定要让顾客开始说话，一旦顾客愿意和你说话了，那你就成功了一半。让别人说话最好的办法莫过于问他问题了，这样才能达到共同的目的。当然不能一直是你问他答，你要想办法让顾客问你问题。如果他就是不问，你就可以让他问："您看我这么介绍你是否清楚了，您还有什么问题吗？"问问题时最好是选择题，这样可以增加互动性，同时也可以帮助顾客作决定，"您是不是现在说话不方便？那您看我是明天上午还是下午再给您打过去？"当然问问题的方式和办法还可以继续研究和探索。

第二招，放松心态，把顾客当成熟人。每个人都愿意和自己熟悉的人交谈，这里的熟人有的指经验上的熟人，有的指心理上的熟人。有些客服代表亲和力很强，说话很有技巧，她每次给别人打电话，对方都喜欢和她沟通，因为她说起话来就像在和朋友说话，有时还会开玩笑甚至笑出声来，别人感觉和她说话很轻松。心理上的距离近了，推销起产品来自然就容易了。

第三招，帮助顾客作决定。"您订一个吧，我这就给您开订单了"，"您买一个吧"。你可别小看这句话的作用，因为这就是我们做电话营销的目的。很多人在购买产品时都会征求别人的意见，而在做电话营销时除了面对你，他不可能面对别人，所以这时你就要帮他作决定了。

最后半招，你要笑出声来。推销员的幽默风趣也是非常重要的。尤其对从事电话营销工作的人员来说，能够培养出幽默风趣的沟通风格，无异于给自己的职业生涯添上了一对会飞翔的翅膀。

4.
如何通过提问吸引客户

为了吸引客户的注意力，你必须向客户提出问题或是提出某个想法，意在表明你的产品或服务可以很好地适应客户的特殊需求或需要。你必须在你和潜在客户开始交谈时回答他的第一个问题，那就是"为什么我要听你说"。

举个例子来讲，在向一位客户进行推销时，你可以这样问："您愿意听我说一个想法来帮助贵公司在运营过程中节省时间并节约资金吗？"

这个问题几乎会说到每一位商界人士的心坎里，你向潜在客户表明了为什么听你说话他们可能会有所收获，同时又可以帮助他们节省时间和金钱，所以这个开场白一开始就能吸引他的注意力。

不管你从事何种产品的销售，你都能设计出一个问题或是一番话来吸引潜在客户的注意力。你的问题应该针对潜在客户想要达到某个实际目标、避免运用不切实际的愿望来设计。举个例子，为 PreparationH 公司所做的广告是世界上最为成功的广告之一，这个广告只有一句话——"痔疮？"这句话很简单，但它立即吸引了潜在客户的注意力。

任何人对自己的事总是万分关心，对推销员的来访却毫不关心，这是很自然的现象。要吸引这样的准顾客，对你产生注意力，当然得有一些独特的技巧。你可以使出下面五个方法，达到这个目的。

（1）立刻向他说："你可以轻易获得某种很大的好处。"或"如果，我能说出对您的工作有帮助的创意，是不是准许我跟您（或是贵公司）做个交易？"

现代人工作节奏快，任何事如果无法立刻能够获得成果，他们就认为无须谈下去。慢条斯理地绕弯说话，已经不适合这个时代了。

（2）向对方探询某种意见。向对方请教意见，有两大好处：既可以引起对方的注意力，又能满足对方的自尊心。你探询的意见，最好是有关商业上的事。当然也不妨问一问与对方有关的事。例如，他的兴趣、爱好等。

（3）答应帮助他解决面对的困难，借以搭建友谊的桥梁。例如，很多中小型厂商，常常为了生产过程中产生劣质品而烦恼。你就用下面的话引起他的注意："关于生产过程中会产生劣质品，我可以提供您一个解决的办法……"

（4）告诉他"某些信息"。任何人对有助于自己的"信息"，总是立刻产生注意力，但是，提供的若是"半生不熟"的信息，效果就会适得其反。因而你提出来的必须是重要的信息，重要到对方一听就会被吸引。信息的种类，可以是有关人物的，也可以是有关产品的，也可以是关于某个事件的。平时，要眼观六路，耳听八方，把这一类"信息"多方搜集，以便随时能够提供给你的准顾客。

对于电话推销员，在电话接通后的 30 秒内是否成功将直接关系到谈话能否继续。"在 30 秒内抓住对方注意力"成为每一名电话销售人员的一项基本功，那如何做到这一点呢？下面列举几种方法供大家参考。

（1）请求帮忙法。一般情况下，在刚开始就请求对方帮忙时，对方是不好意思断然拒绝的。电话销售人员会有 100% 的机会与接线人继续交谈。

销售人员：您好，李经理，我是××，×× 公司的，有件事情想麻烦一下您！

客户：请说！

（2）第三者介绍法。通过"第三者"这个"桥梁"过渡后，更容易打开话题。因为有"朋友介绍"这种关系之后，就会无形地消除客户的不安全感和警惕性，很容易与客户建立信任关系。

（3）牛群效应法。在大草原上，成群的牛一起向前奔跑时，它们一定是很有规律地向一个方向跑，而不是向各个方向乱成一片。电话销售人员在介绍自己产品的时候，告诉客户同行业的前几个大企业都在使用自己产品的时候，这时"牛群效应"开始发挥作用。通过同行业前几个大企业已经使用自己产品的事实，来刺激客户的购买欲望。

（4）激起兴趣法。这种方法在开场白中运用得最多、最普遍，使用起来也比较方便、自然。激起对方兴趣的方法有很多，只要我们用心去观察和发掘，话题的切入点是很容易找到的，具体参看以下案例。

约翰·沙维祺是美国百万圆桌协会的终身会员，是畅销书《高感度行销》的作者，他曾被美国牛津大学授予"最伟大的寿险业务员"称号。一次他打电话给一位美国哥伦比亚大学教授强森先生，他的开场白如下：

哲学家培根曾经对做学问的人有一句妙语，他把做学问的人在运用资料上比喻成三种动物。第一种人好比蜘蛛，他的研究资料不是从外面找来的，而是由肚里吐出来的，这种人叫蜘蛛式的学问家；第二种人好比蚂蚁，堆积资料，但不会使用，这种人叫蚂蚁式的学问家；第三种人好比蜜蜂，采百花之精华，精心酿造，这种人叫蜜蜂式的学问家。教授先生，按培根的这种比喻，您觉得您属于哪种学问家呢？

这一番问话，使对方谈兴浓厚，他们最终成了非常要好的朋友。

（5）巧借"东风"法。冰冰是国内一家大型旅游公司G的电话销售人员，她的工作是向客户推荐一张旅行服务卡，如果客户使用该卡去住酒店、坐飞机，可获得折扣优惠。这张卡是免费的，她的任务是让客户充分认识到这张卡能给自己带来哪些好处，然后去使用它，这样就可以产生业绩。刚好她手里有一份客户资料，看她是怎样切入话题的。

冰冰：您好，请问是李经理吗？

客户：是的，什么事？

冰冰：您好，李经理，这里是××航空公司客户服务部，我叫冰冰，今天给您打电话最主要是感谢您对我们一直以来的支持，谢谢您！

客户：这没什么！

电话销售人员：为答谢老顾客对我们公司一直以来的支持，公司特赠送一份礼品表示感谢，礼品是一张优惠卡，它可以使您在以后的旅行中不管是住酒店还是坐飞机都有机会享受优惠折扣，这张卡是航空公司和 G 公司共同推出的，由 G 公司统一发行，在此，请问李经理您的详细地址是……我们会尽快给您邮寄过来的。

客户：四川省，成都市……

（6）老客户回访。老客户就像老朋友，一说出口就会产生一种很亲切的感觉，对方基本上不会拒绝。

5.
如何跨过秘书，找到直接负责人

电话销售接电话的一般都是前台秘书，所以我们在跟秘书接通电话之后说的几句话非常关键。这几句处理好了，才能接通到能签单的客户。打电话找客户的技巧，要做到好像是熟人找朋友一样。秘书小姐是很精明的，当她知道您是销售人员的话，她会委婉地说："他正在开会……"

如何闯过秘书这一关呢？说话方面，要露出一点老友的亲密态度。如果您说："麻烦请找李志文先生！"秘书肯定知道您是外人，如果您说："接李志文！"或"老李在吗？"秘书或者反应慢，便将电话接过去了。

其实，什么"开会"、"正在见客"、"赴约"之类，多数是挡箭牌罢了。秘书小姐的洞悉能力，往往只是根据最初的两三句话，如果您能够将说话变成好像太太找丈夫一般亲密自然的话，秘书小姐肯定会毫不犹豫地将电话转接过去。如果您直接和客户联络，他的回答是"是"、"不"，但秘书小姐是受命说"不"的人。

不过，我们切勿欺骗对方。如果秘书小姐问你是否是老板的朋友，你一冲动竟然回答"是"；当对方接上电话时问你的背景，发觉你只是销售人员冒充的时候，便会破口大骂。

下面介绍突破秘书的一些具体方法。

（1）直呼其名法

在找资料的时候，顺便找到老板的名字，在打电话的时候，直接说老总的姓名，若对方问到你是谁，你应该说是其客户或者朋友，这样找到的机会大一些。

（2）多角度下手法

多准备几个该公司的电话，用不同的号码去打，不同的人接，会有不同反应，这样成功的几率也比较大。

（3）事态严重化，使秘书无权处理

例如：（对于房产公司）你好，我有一栋楼要出租，希望找你们公司老总谈，不知道你们老板贵姓？再如：（对于广告公司）你好，我是《北京晚报》的，您们公司老总是哪一位？我们跟他谈谈代理的事情！

（4）夸大身份

例如：你好，转你们李总，我是××公司的王总啊！

（5）威胁法

小姐，这事情很重要，你能否做主？我很急，马上帮我转给你们公司老总。

（6）亲密法

A：喂，李总在吗？

B：不在，你哪里？

A：我泉州的，我姓章，他电话（手机）是多少？

声音放低点，一般情况下前台都会告诉你老板的手机。

（7）逼迫法

A：你哪里？

B：厦门的，刚来福州，有重要事情找你们老总（知道姓名，那就直说姓名）。

A：我问你哪里，哪个公司的？

B：小姐，你姓什么？我很不习惯你这样问话，知道吗？（语气要强，拍着桌子说话）在不在，在就给我转进去，不在就把手机拿过来！

（8）迂回法

小姐，张总可能有急事找我，他打了我的手机，现在还在公司吗？给我回电！谢谢！

（9）真诚式

针对平常方法绕不过的前台时，索性坦白相告，尊重她：王小姐，你早！我是中国企业网的周统彬，我昨天已与李总联系过了，不知你是否可以替我安排今天上午或者下午，与李总通个电话，只需 2 分钟，谢谢！

（10）理解式

告诉前台的小姐说："我知道你很为难，每天接到各种各样的电话都很多，很难确定哪个电话该去找老板，我也有过这样的经历，我很理解您。同时我也告诉您，我给你们老板打电话是有一个对贵公司很重要的事情。必须马上和你们老总取得联系，麻烦你现在帮我找一下。"

6.
利用最佳3分钟完成开场、邀约、结束语

电话销售最后要经历的阶段是与潜在客户会面。怎样才能达到这一目的，其中很有技巧讲究。

例如："林先生吗？您好，我是××，我们那天在工地上谈了很久，不知您意下如何？什么，太贵了，那先生认为多少合适呢？我看这样好了，电话中也不好谈，我们当面再仔细研究一下好吗？林先生是早上比较方便呢？还是下午方便？三点钟怎么样？好，就今天下午三点整，我准时到府上，谢谢！"

当然，这是一个较为特别的例子。销售员在使用发掘潜在客户的电话邀约方法时要注意：

拿起电话听筒前，要精心做好准备，了解他上下班的时间以及他的近况。要以兴奋愉悦的心情打电话。跟对方约好时间和地点后，就应赶快结束谈话。不要说出生意内容，以免产生误会或反效果。

怎样做才能增加电话邀约的成功率呢？以通话3分钟为最佳标准，3分钟内必须要做开场、邀约、结束语及挂掉电话四个步骤。在电话邀约之前必须要做好以下几个方面的准备。

（1）准备

a. 心理准备：对你所拨打的每一通电话有一个认真、负责和坚持的态度，有一种必定成功的积极动力。

b. 内容准备：打电话前先把你所要表达的内容准备好，可以先列出几条在你手边的便笺上。要注意语速与语调，保证能让电话另一端的准客户

明白你所说的每一句话的含义。

此外，首先要注意语气变化，态度真诚；其次言语要富有条理性，不可语无伦次、前后反复，以免让对方产生反感。

（2）时机

打电话时一定要掌握一定的时机，要避免在吃饭或客户休息的时间里与顾客联系，如果把电话打过去了，也要礼貌地征询顾客是否有时间或方便接听。

（3）接通电话

邀约电话接通后，要先问好，并自报家门，确认对方的身份后，再谈正事。

（4）讲话时要简洁明了

由于电话具有收费、容易占线等特性，因此，无论是打出电话或是接听电话，交谈都要长话短说。

（5）挂断前的礼貌

打完电话之后，直销商一定要记住向顾客再次确认："那么，我们明天下午3点××地方见。谢谢！再见！"另外，一定要顾客先挂断电话，直销商才能轻轻地挂下电话，以示对顾客的尊重。

电话邀约还要注意。不要说"拜托"之类的话。我们要提供给对方的是一个成功的机会，也许是对方期待已久的产品，更可能是他人生的一大转折点，那么，我们为什么要低姿态呢？相反地，我们要理直气壮。

打电话应注意一些基本的礼仪规范。要用礼貌用语，如：您好、早安、谢谢等，语调要柔和，显示出良好的修养，还应尽量避免打断对方的讲话。在介绍自己的公司时，要显示出足够的信心，只有这样才能感染客户。

当然，电话邀约还有常见的十四大技巧，大家可以参考。

技巧一，让自己处于微笑状态，微笑地说话，声音也会传递出很愉悦的感觉，帮助你进入对方的时空。

技巧二，为了了解对方的电话磁场，建议在谈话之初，采取适中的音量与速度，等辨认出对方的特质后，再调整自己的音量与速度，让对方觉得你和他是同一级别的。

技巧三，判别通话者的形象，增进彼此互动，从对方的语调中，可以简单判别通话者的形象。判别形成之后，再给对方适当的建议。

技巧四，表明不会占用太多时间，简单说明："耽误您两分钟好吗？"

技巧五，语气、语调要一致。在电话中，开场白通常是国语发音，如果对方的反应是以方言回答，则应马上转成方言和对方说话，有时普通话、方言交替也是一种拉近双方距离的方法。

技巧六，善用电话开场白。好的开场白可以让对方愿意和业务人员多聊一聊，如何多了解对方的想法，不妨问："最近推出的投资型商铺，请问您对此有什么看法？"诸如此类的开放式问句也是比较好的。

技巧七，善用暂停与保留的技巧。当业务人员需要对方给一个时间、地点的时候，就可以使用暂停的技巧。比如，当你问对方："您喜欢上午，还是下午？"说完就稍微暂停一下，让对方回答，这样可以让对方有受到尊重的感觉。

技巧八，身体挺直、站着或闭上眼睛说话。

试着将身体挺直或站着说话，你可以发现，声音会因此变得有活力，效果也会变得更好；有时闭上眼睛可以让自己不被外在的环境影响答话内容。

技巧九，使用开放式问句，不断地提出问题。

问信息员或者客户问题，了解对方真正的想法，帮助业务员做判断。

不妨用："请教您一个简单的问题"、"能不能请您多谈一谈，为何会有如此的想法？"等问题，鼓励对方继续说下去。

技巧十，即时逆转。即时逆转就是立刻顺着客户的话走，例如当对方说"我已经和其他装修公司合作了"时，不妨就顺着他的话说："我就是知道您合作了很多装修公司，才打这通电话。"

技巧十一，一再强调请客户自己判断、客户自己做决定。在电话中强调"由您自己做决定"、"全由您自己判断"等句子，可以让客户感觉到业务人员是有素质的，是不会死缠的，进而提高约访的机率。

技巧十二，强调合作的方式或独特性。"这个合作模式很特别，必须当面谈，才能让您充分了解……"在谈话中，多强调合作方式很特别，再加上"由您自己做决定"，让信息员愿意将他宝贵的时间给你，切记，千万不要说得太繁杂，或使用太多专业术语，让信息员失去与你见面的兴趣。

技巧十三，给予二选一的问题及机会。二选一方式能够帮助对方做选择，同时也加快对方与业务人员见面的速度，比如"早上或下午拜访"、"星期三或星期四见面"等问句，都是二选一的方式。

技巧十四，为下一次开场做准备。在结束时，别忘了和对方说："感谢您抽出时间。"或者告诉对方："非常荣幸认识您。"好的结束语，有助于为下一次开场做准备。

第六章

拜访客户
——第一印象决定成败

在拜访中能否给客户留下良好的第一印象，对于推销员接下来的相互沟通很重要。很多时候，在你还没开口介绍产品之前，客户就已经决定不与你进一步沟通了。本章讨论推销的拜访，详细论述了推销员的形象、姿态、交换名片等内容，希望能够对推销员有所启示。

1.
第一印象 7 秒钟就形成

　　年轻人经常说的，某某和某某是一见钟情之类的话，所谓的一见钟情，就是两人初次见面，在大概 7 秒钟内就能对彼此做出评价。这种印象主要来自于人的眼睛，而无须通过语言。在此意义上说，你有 7 秒钟的时间来给顾客留下良好的第一印象。所以，你要格外珍惜这最初的 7 秒钟。在这 7 秒钟里，请你学会用眼睛说话。

　　"要想成功地推销产品，首先要成功地推销自己。"通常情况下，客户都不愿意把时间浪费在一个自己不喜欢的人身上。

　　有关心理学方面的研究表明，人们对他人或事物在 7 秒钟之内的第一印象可以保持 7 年。给他人留下的第一印象一旦形成，就很难改变，所以说，是否给客户留下良好的第一印象对于接下来的相互沟通很重要。据相关资料统计，销售人员的失败，80% 的原因是因为留给客户的第一印象不好。也就是说，很多时候，在你还没开口介绍产品之前，客户就已经决定不与你进行下一步的沟通了。

　　"好的开始等于成功了一半！"初见面的几秒钟就决定了你推销成功与否，所以我们要学习一些见面技巧。下面有一些技巧可供推销员参考。

　　（1）见面前，知己知彼。首先要对即将见面的客户进行一定的了解，通过同事、其他客户、其他厂家推销员、上司、该客户的下游或上游客户等途径来初步了解该客户。

　　（2）将见面的目的写出来，将即将谈到的内容也写出来，并进行思考与语言组织。

（3）着装整洁、卫生、得体、有精神。

（4）自我介绍的第一句话不能太长。如有的推销员上门就介绍："我是××有限公司的××分公司的推销员（业务员）××。"这句话太长，客户一听就感觉不爽，听了一大串，还是不知道你的情况。通常的介绍是："您好！我是××厂的。"客户看你了，再说："我是××，是××分公司推销员（业务员）。"

（5）说明来意时，要学会假借一些辞令或赞美来引起客户的注意。如，你可以说："是××经理派我过来的。"你也可以说："经过××客户介绍的，我专程过来拜访您。"你还可以说："是××厂家业务员说你生意做得好，我今天到此专门拜访您，取取经！"这样会让客户不容易回绝，同时又明白你对他或者对市场已有所了解，不是新来的，什么都不知道，他会积极配合你的。

一般来说，建立良好第一印象的途径有如下六个。

（1）自我定位。销售人员希望顾客将自己看作何种类型的人，希望在顾客心目中留下怎样的印象。做好自我定位之后，销售人员也就相应地明白如何实现自我定位了。如果销售人员定位自己为普通的业务员，那么，就不会注重穿着、言谈举止；反之，要成为最顶尖最好的业务高手，销售人员的穿着和言谈举止就会有截然不同的优异表现。

（2）礼貌而且专业。销售人员的礼貌、专业会给客户信赖的情绪；若销售人员很随便，对顾客置之不理，顾客就会产生一种消极的负面情绪。

（3）得体的姿态。销售者的站姿和坐姿体现着销售人员的精神状态，从而在很大程度上影响着客户对你的判断。此外，销售者的名片、名片夹、手提箱和所有身上所带的资料，给顾客的影响也相当大。

（4）正确的座位。若销售人员坐错了位置，会给客户留下不专业的印象，还会引起客户的反感。即便再好的产品说明、再优惠的价格，也难以刺激顾客的购买欲了。

销售人员选择座位的原则是：让顾客看商品说明时采用最方便的方式。

最好不面对面坐，避免针锋相对，征求顾客的同意，坐在顾客旁边。

（5）有价值的信息。销售人员讲话的内容也影响顾客的第一印象。如果销售人员的表达品味与顾客的表达品位不一致，也会让顾客产生不舒服的感觉。努力了解顾客，寻找与顾客相同的话题，得体的表达方式，才能够立刻拉近与顾客之间的距离。

2.
拜访前，确保仪表大方、整洁

有位衣着不整的推销员到一家商场推销绿豆糕，经理与他谈了一会儿，就将他支走了。推销员走后，经理对同事说："我看了他的样子就反感。"此后，这位推销员虽多次登门，但经理再也没见他。

在推销中，懂得形象包装，给人留下良好的第一印象，将是永远的赢家。一个推销人员与顾客首次接触时交流时间不会很长，要在有限的时间内，使顾客对自己和自己所推销的产品有所了解并非易事。研究表明，第一印象一经形成，不但会持续较长的一段时间，而且不易改变，所以，推销员应十分重视自己给予他人的第一印象。调查表明，顾客之所以购买某个品牌的产品，并非一定取决于产品质量，其中对推销员的好感往往起到了决定性作用。有数据表明：71%的人是因喜欢、信任、尊重一位推销员而做出购买决定的。推销的内涵是推销自己，而推销自己的关键就是推销自己的形象。

首次与顾客打交道时，怎样做才会给顾客留下美好的印象呢？一般来说，衣着打扮能直接反映出一个人的修养、气质和情操。穿着整齐、干净利落的推销员容易赢得顾客的信任和好感；衣冠不整的推销员会给顾客留下办事马虎、懒惰、糊涂的印象。美国一家营销机构的一项调查表明，80%的顾客对推销员的不良外表持反感态度。服饰对推销员而言，好比商品的外包装。包装纸如果粗糙，里面的商品再好，也会被人误解为是廉价的商品。日本推销界流行的一句话就是：若要成为第一流的推销人员，就应先从仪表修饰做起。

在英格丽·张的《你的形象价值百万》一书中，她提到了一个真实的故事：在加拿大工作的查理被委派寻找合作伙伴，经人介绍，与某位总裁初次相会。查理一进门，就看到有位男士穿着灰棕色、人造纤维的格子西服，发着亮光的领带露在 V 字口毛衣的外面。他一张嘴，满口黄牙暴露无遗……"他给我留下了永不磨灭的可怕的恶劣印象。那张冷酷不带笑的脸和那双死鱼般的双眼，无一不在告诉我这是个冷酷的、没有修养的人。"查理说。他最终决定不和这位总裁合作。

非口头信息往往成为是否继续交往的主要依据，也反映了第一印象具有巨大的决定力。心理学家鲁钦斯研究发现，先出现的信息对总印象的形成具有较大的决定力。这是因为，在人际交往中普遍存在"首因效应"，即人们更愿意凭借自己所看到的来做判断。同时，在快节奏的现代社会，没有人愿意将大把的时间花在研究一个人身上。那么我们应该如何给别人留下良好的第一印象呢？

注意自身形象和个人卫生，以及自己的表情是否僵硬、笑容是否令人感到不快。

交谈时适当保持沉默或者改变说话的语调，不要高谈阔论、过多谈论私人生活；不要过于活泼和开玩笑，要给对方说话的机会。

举止要温和有礼，切忌冷淡和鲁莽，不要让别人觉得你永远有理或目空一切。

要尽量寻找自己与对方的共同话题，适当活跃气氛。

推销员的服饰要因人、因职业、因环境而定，这没有一个固定模式。尽管不同行业的推销员，可能需要不同的衣着，以符合其企业形象或商品形象，但大体上说，推销员衣着仍以稳重大方、整齐、清爽、干净利落为基本原则。

美国著名的时装设计师约翰·T.莫洛伊为推销员提出了一些衣着标准，现摘录如下，仅供参考：

应该穿西装或轻便西装；衣着式样和颜色，应尽量保持大方稳重；不要佩戴一些代表个人身份或宗教信仰的标记；流行服装、时装最好不要穿；不要戴太阳镜或变色镜，只有让顾客看得见推销员的眼睛，才能使顾客相信推销员的言行；不要佩戴太多的饰品；可以戴某种能代表公司的标记，或者穿上某一种与产品形象相符合的衣服，使顾客加深对公司和产品的联想；推销员可以携带一个公事包；要带一支比较高级的圆珠笔、钢笔或铅笔和一本精致的笔记本；尽可能不要脱去上装，以免削弱推销员的权威和威严。

除了服饰方面的要求外，推销员还要外表整洁。应定期理发，头发不宜太长；牙齿要洁白，口气要清新，勤剪指甲，不留污垢等。

当然与外表装饰相比较，更为重要的是，推销员应注意内在气质的修养，要注意文化学习，培养自己具有优雅、热情、诚恳等气质。这样的推销员才能被顾客接受和信任。

3.
面谈时，保持恰到好处的举止

我国很重视人在交往中的姿态，认为这是一个人是否有教养的表现，因此素有大丈夫要"站如松，坐如钟，行如风"之说。在日本，百货商场对职员的鞠躬弯腰还有具体的标准：欢迎顾客时鞠躬30度，陪顾客选购商品时鞠躬45度，对离去的顾客鞠躬也要45度。

在销售过程中要给对方一个良好的第一印象，你首先就应该重视与对方见面的姿态表现。如果你和人见面时耷拉着脑袋、无精打采，对方就会猜想也许自己不受欢迎；如果你不正视对方、左顾右盼，对方就可能怀疑你是否有销售诚意。

初见面时，如果能保持恰到好处的举止，给对方留下好的印象，将有助于你推销业务的成功。

下面具体介绍初次见面时身体各部位的姿态姿势，供推销员们参考。

手的动作。身体语言中手的动作非常重要，善于利用手势能提高推销效果。

（1）有客人到公司为客人带路时，要说"请这边走"，介绍公司各个部门时要把手微微斜举，手掌朝外。

（2）手指目录或说明书时，手掌朝上方为正确的姿势，如果指小的东西或细微之处，就用食指指出，也应手掌朝上。

（3）在拜访客户时，如果客户端茶水让你喝，应轻屈中指和食指在杯子旁边微敲两下，以示感谢，同时也应把谢字说出口。

眼睛动作。眼睛向下，或东张西望都是不利于推销的视线，正确的方法是：

（1）与男性商谈时，视线的焦点要放在对方的鼻子附近；如果对方是已婚女性，可注视对方的嘴巴，假如是未婚小姐，则看着对方的下巴。

（2）视线的范围可扩大至对方的耳朵及领结附近。

（3）聆听或说话时，可偶尔注视对方的眼睛。

（4）若把自己双眼视线凝聚于对方的一只眼睛，就会使对方产生柔和的感觉。

要正确使用目光，首先得了解它的礼节。目光礼节同有声语言以及其他礼节一样，因民族和文化而异。

比如，美国人在跟别人交谈时，习惯于用眼光打量对方，认为这是自信、有礼貌的表现。另外，美国人在同别人正式谈话时，还习惯于看着对方的眼睛，如果看着别处，会被认为失礼。日本人在面对面的交谈中，目光一般常落在对方的颈部，眼对眼则被看作一种失礼行为。

在我国，对目光有礼节要求，一般忌讳用眼睛死死地盯着别人，认为大眼瞪小眼地看人是没有礼貌的表现，怎样做才不失礼呢？礼貌的做法是：用自然、柔和的眼光看着对方双眼和嘴部这之间的区域。目光停留时间占全部谈话时间的 30%~60%，也就是说，既不盯着对方看，也不眼珠滴溜溜地来回转动，让人看得心慌意乱。

坐相。当客户请你坐时，记得说一句"谢谢"，然后再坐下。

（1）坐满整个椅面，背部不可靠着椅背，采取稍微前倾的姿势，这可以表示出对谈话内容的肯定。

（2）膝盖张开约一个拳头的距离。（女性则双腿并拢）

（3）勿用手撑住头，头要微微扬起，让对方感到你的自信，且被你感染。

站相。站立的时候要像青松一般气宇轩昂，不要东倒西歪。

良好站姿的要领是挺胸、收腹，身体保持平衡，双臂自然下垂。忌歪脖、斜腰、挺腹、含胸、抖脚、重心不稳、两手插兜。

优美的站姿男女有别：女子站立时，两脚张开呈小外八字或 V 字形；男子站立时与肩同宽，身体平稳，双肩展开。简言之，站立时应舒适自然，有美感而不造作。

握手的学问。在日常交往过程中，我们见面时习惯以握手相互致意，分别时以握手告别。别人帮助自己之后，往往要握手表示谢意；别人取得成就时，要与对方握手表示祝贺。可以说，握手贯穿于人们应酬、交往的各个环节，其间的讲究是不能忽视的。作为销售人员，在与客户见面时，握手更是必不可少的礼仪，所以，销售人员更应该注意握手时的细节。

（1）握手的先后。一般是主人先伸出手、女士先伸出手、长辈先伸出手、上级先伸出手。当面对客户时，销售人员应主动伸手，使客户感到亲切。

（2）握手的方式。一般是用右手，同时注视对方，握力适当，时间不宜太长。男性和女性握手，一般只轻握对方的手指部分，不宜握得太紧太久。如果关系亲密，场合隆重，双方的手握住后应上下微摇几下。双手相握可表示更亲密，更加尊重对方。

（3）握手时的禁忌。比如贸然伸手；目光游移，心不在焉；戴着手套握手；长时间不放手，交叉握手；当别人正握手时，跑上去与正在握手的人相握或打招呼；握手时该出手时慢慢腾腾或该先伸手时不伸手以及握手后用手帕揩手。

此外，握手的规矩还包括以下几种：

（1）不要掌心向下压。一般情况下，与人握手时，把手自然大方地伸给对方就可以了。如要表示对他人的尊重，伸手与之相握时，掌心应向上。但切忌掌心向下压，用击剑式握手法去握他人的手，那样会给人一种傲慢、盛气凌人、粗鲁的感觉。

（2）不要随时滥用双手握手。双手握手，就是我们前面所说的手扣手式握手。有人为了表示自己的热情、友好，常常像做"三明治"一样，双手紧夹着他人的手不放。这种做法也是不妥当的。当然，并不是说这种方式一概不能用，故友重逢，或对他人进行慰问时，可以用双手握，但不能夹得太紧，像捉鱼一样就不合适了。

（3）不要不讲"度"。做任何事都有个度的问题，握手也不例外。有人为了表示自己的热情、真挚，与人握手时，使劲用力。这种做法不仅会弄疼对方，还会显得粗鲁。与此相反，有人，尤其是个别青年女性，为了显示自己的清高，只伸出手指尖与人握手，而且一点力也不用。这种做法也有失妥当，让人觉得你冷漠、敷衍。显然，过重过轻都不合适。正确的做法是用手掌和手指的全部不轻不重地握住对方的手，然后再稍稍上下晃一下。

（4）不要过分客套。有的人不论跟谁握手，都一个劲儿地点头哈腰，这样做，明显地让人觉得客套过分。与人握手，应该同时致以问候，如果条件所限，不允许出声，点下头也算打个招呼、致了问候。对上级、长辈或贵宾，为了表示恭敬，握手时，欠一下身，也未尝不可，但点头、欠身和没完没了地点头哈腰是两码事。

4.
通过走姿体现你的自信

看一个人自我感觉怎么样的最简单的方法，就是看他走路。慢？疲倦？痛苦？或者精力充沛并且有目的？有自信的人走路都很快。他们知道自己要去什么地方，知道要去见什么人，并且有重要的事情做。即使你不着急，你也可以通过脚步的活力来增强自信。走快 25% 可以让你看起来更加自信，也让你自我感觉更加自信。

潇洒优美的走路姿势最能显示出人体的动态美。人们常说"行如风"，这里并不是指走路飞快，如一阵风刮过，而是指走路时犹如风行水面，轻快而飘逸。良好的走姿能让你显得体态轻盈、朝气蓬勃。

走路时要抬头挺胸，步履轻盈，目光前视，步幅适中。

双手和身体随节律自然摆动，切忌驼背、低头、扭腰、扭肩。

多人一起行走时，应避免排成横队、勾肩搭背、边走边大声说笑。

男性不应在行走时抽烟，女性不应在行走时吃零食，养成走路时注意自己风度、形象的习惯。

好的走路姿态可以带来高的回头率，这有助于推销员自信的培养和建立，也能锻炼一个人的综合素质，有助于自我监督和提升，因为当我们一旦处于高位，谁也不想再下来。不好的走路姿态会使你丧失信心，久而久之会自我厌恶，最终走上恶性循环的道路，严重的还会自甘堕落、平庸，忘记责任和义务，目标就会为消失在人群中。

正确的走路姿势是，上体伸直，身体的任何部位都不过于用力，心情舒畅，步伐轻松。最基本的是腰要伸展，腰若弯，就不能恰当地支撑体重，上体也不能直立。以下要点是由此派生出来的，请推销员注意。

（1）上体伸展。上体笔直，下巴前伸，头抬高，两肩向后舒展。这样，脊柱伸直，轻微呼吸时，腹部稍有起伏。用这种姿势走，你会觉得是用胸走、用腰走。因为走的时候，胸和腰稍向前突出。这种姿势与那种直通通像个木棍似的直立姿势不同，它要求上体稍向前倾，走起来飒飒有声。

（2）伸直膝盖。展开膝盖，并非僵硬、不灵活，而是使伸直的膝盖在不受力的情况下行走。膝关节伸直了，步伐变大。大步走必须伸直膝盖。至于步幅到底多大，应使你觉得舒服为好。

（3）脚跟先着地，再将身体重心移到脚尖。前脚着地时，脚跟先着地，身体重心落在脚跟上。然后，身体重心由脚跟通过脚掌向脚尖方向"滚转"，最后到达脚尖。实际上，有人走路时，身体重心是由脚跟马上移到脚尖。

（4）摆胳膊。摆胳膊对行走也很重要，时常会看到一些人，走路时，两手插在衣袋里。这种走法不对。这样走两肩收拢，走起来松松垮垮。胳膊摆得好坏，还要看手与脚的动作是否同步。因为在走这个动作中，手与脚，或者说胳膊与腿有密切关系。胳膊与腿的动作也是相互关联的，右脚向前迈出，左手向前摆。其中，特别是当膝盖伸直，脚向正前方迈时，与脚的动作相对应，胳膊自然摆出。如果摆的比肩还宽，膝盖易弯曲。

（5）在顾客面前，走路一定不要弯腰曲背、无精打采，优美的走路姿势并非只限于模特或演艺人士，你和客户的接触同样需要给人留下良好的印象，请注意正确的走路姿势。

5.
交换名片的礼仪与方法

名片是现代人的自我介绍信与社交联谊卡。它最基本的功能就是自我介绍，可以起到维持自己与他人联系的作用。在现代生活中，我们不仅要备有名片，而且要会使用名片。可有相当多的人只是拥有名片，但不会使用名片。

在比较重要的人际交往尤其是对外交往中，名片的使用必须遵守以下"三个不"。

第一，名片不能随便进行涂改。有些人经常在名片上信手涂鸦。但是，如果是跟外商打交道，建议你宁肯不给他名片，也不要给他这种涂改过的名片，这不是节约不节约的问题，而是你的形象意识问题。在国际交往和商务交往中，都不能使用涂改过的名片。

第二，名片上不宜提供私宅电话号码。正式的人际交往，尤其是商务交往，往往讲究公私有别。名片上有办公室电话号码、总机号码，但不提供私宅电话号码，而且通常也不提供手机号码，这是一种自我保护的需要，也是借以表示公私有别的需要。

第三，名片上不印两个以上的头衔。一般而言，一张名片上的本人头衔最好只是一个，至多不要超过两个。

有的人通常备有几种名片，与不同的对象交往时使用不同的名片。

为了达到引起注意的目的，从名片着手也是有效的策略。下面我们具体介绍两个巧妙使用名片的案例。

第一个案例是别出心裁的在名片上印上硬币的图案。当推销员拿出这么一张名片时，客户一定百思不得其解，问道："这是什么意思呢？"推销员笑着回答："这代表你我之间的缘分。能见面就是缘，当然，我也希望这次商谈，能让咱们之间的缘更加巩固和牢靠。"相信这样做肯定会给对方留下极其深刻的印象。

另一个案例是某推销员自己的名片上印有"81030"这一组数字。客户大都不了解其中的含义，纷纷向他请教，而他解释道，人类的平均寿命为74岁，这个数字表明人生活的74个年头中，若按一天三餐计算，总共有81030次用餐记录。他本人原来是个人寿保险的推销员。他就是以这个方式引起客户的注意，然后以此作为话题，展开推销活动的。事实证明，这个奇特的方式使他成了保险业中的推销冠军。

有些推销员拜访，却怎么也弄不到客户的名片，或者干巴巴地找客户要一张名片。罗宾逊在培训推销员时有一项内容：每天在大街上换100张名片回公司，完不成就不要回公司了。我们说名片是交换来的，在与客户见面的时候要注意"交换名片"，换名片而不是单方面的给名片、塞名片。

见面时不要过早地拿出自己的名片，在说明来意，自我介绍完成后，观察客户的反应，再作出交换名片的举动。如：客户一下子忘记了你的姓名，你可以说："××经理，我们第一次见面，与您交换一张名片。"客户会不好意思拒绝与你交换名片。

在拜访完成时，提出："××经理，与您交换一张名片，以后多联系。"

避免向客户说："可以给我一张您的名片吗？"这样会把自己弄得非常尴尬。

初次见面，互通姓名后接着是交换名片，下面几点即为交换名片应注意的事项：

（1）尽可能使用名片夹，并将名片夹放置于上衣口袋，或公文包内，切勿放在裤了的口袋里。

（2）递名片要用双手，微欠身子，恭敬地递上名片。

（3）双手接过对方名片，认真地看过一遍后慎重地收藏起来。

（4）不易念的姓名要向对方请教，注意技巧。

（5）对方有二人以上时，按职位将名片排列好收起，并按顺序进行商谈。

（6）若名片放于桌上未及时收起，应在结束谈话后将名片慎重收起，向对方点头致意。

有很多朋友也许会碰到这样的情况，我们把名片递给对方了，对方却没有交换卡片的意思，那么我们怎么来向对方索取名片，既保证能要得到名片，又不失礼节呢？从专业的角度来说，有四种方法：

交易法：当你把名片递给对方的时候，对方同时把他的名片也递给你。

激将法：在商务场合中常有这种情况，就是当你把名片给了对方后，他不了解你，不摸你的底，对方就说一句谢谢，然后没有了下文。一般你可以采取"激将法"，当你把名片递送给对方的时候，寒暄一下，说："×××，不知是否有幸和你交换一张名片？"你将他一军，一般对方不会说"不换，就是不换"，那不像话。

谦恭法：这主要是面对尊长、名人（营销学上称大客户、VIP 重要客户）时，经常会使用谦恭法，"×××，刚才听您提起你的创业史，我非常钦佩（赞美对方），不知道以后还有没有机会向您继续请教？"

平等法：一般在长辈对晚辈，上级对下级，平辈与平级之间，我们通常使用"平等法"，比如说："×××，认识你很荣幸，你是从事企业管理的，我自己也经营（或带领）着一个团队，以后就这方面可以和你相互探讨，不知道以后如何联系你？"这就是平等法，而与谦恭法最大的区别是说法上的不同，谦恭法是："以后如何向您请教"，而平等法是"以后如何和你联系"。

当然，交换名片有一些注意事项，列于此请推销员注意。

销售人员在与顾客交换名片时，标准动作如下：

（1）服装。销售人员要注意自己的外表修饰。整洁的仪表，考究的服装在无形之中表达着对顾客善意的尊敬。

（2）姿势。销售人员要注意走向顾客时的身体姿势和面部表情。抬头挺胸、面带微笑地走向顾客是销售人员的标准动作。抬头挺胸表明销售人员的自信，面带微笑不仅反映出销售人员良好的心态，还传递给顾客愉快的心情。

（3）眼神。在交换名片的过程中，销售人员要注意一直以关爱的眼神注视顾客。以关爱的眼神注视顾客，会给顾客留下很自信的深刻印象。

（4）递出名片。销售人员不仅在取名片时动作标准而又迅速，在接过顾客的名片时也要非常顺畅。专业地双手递出自己的名片，送到顾客的面前，方便顾客取拿，才能给顾客留下很专业的印象，而且，要落落大方地将自己及公司的名字大声地报告给顾客。

销售人员在递出名片之后，稍微停顿，就要很礼貌地向对方索取名片。自始至终，销售人员都必须处于主动位置，控制整个过程，让其顺畅进行。在这样的引导之下，顾客会对业务人员留下良好的第一印象。

6.
不要迟到，迟到是拜访大忌

谁敢说自己工作中从没迟到过？恐怕每个人都有迟到的经历……

如果偶尔因急事耽搁了，迟到一次也无可厚非；如果迟到成了家常便饭，就可能是强迫症了。

我的一个朋友被同事们叫作"迟到大王"。后来，他把闹钟从7点调到了6点半，可仍然于事无补。他出门之前总要反复照镜子看衬衫是否平整，反复检查插座、煤气和窗户……即使提前起床，也只不过增加了检查的次数罢了。

这类人总给自己设定强制性的程序，只有将这个程序完成了，才能踏踏实实地干另一件事。通常，我们将其归入强迫症之列。

此外，还有些爱迟到者是另一种强迫症。这些人给自己设定了一个"底线"，他们会看着表出门，如心中预设是7点半出门，即便在7点24分时，你都休想让他们踏出家门，可一旦路上遇到意外状况，迟到就在所难免了。

在一般人看来，不准时赴约表明你不把别人当回事。如果某人守时，别人就会认为他很在意，把别人放在心上，但如果总是迟到，就会给人这样的印象，即沟通的内容是不重要的。

对工作的倦怠也是迟到的一大原因，尤其是那些为迟到找理由的人。1/5的迟到者会编故事来解释迟到的原因。

推销员迟到不仅会影响自身的形象，而且很可能会因迟到了几分钟而永远错过了谈判的好机会。好的状态来源于好的心态，想在与客户接触中有好的表现，就要提前做好准备。比如提前10~15分钟到约定地点，可以先熟悉一下环境，让稍后的接触过程更加镇定自若，否则一旦迟到，就很容易心怀愧疚，进而影响面谈时的逻辑思维和语言表达。提前出门，即便遇到堵车也会有一定的余地避免迟到。如果路程较远，宁可早到半个小时甚至一个小时。请注意，早到后最好不要提前出现在约定地点，否则客户很可能手上还有没忙完的事，会觉得很不方便。

因为不可抗拒的因素如车祸、天气等原因，造成的迟到是可以被谅解的。

下面有一些帮助做到不迟到的方法，推销员可以结合自己的实际情况进行试验。

学习安排时间。制定严格的时间表，张贴在随处可见的位置，把工作安排或朋友约会都标注清楚，并留出足够的准备时间。

换位思考。把自己放在"牺牲者"的位置上，当你被迫等待时，会有怎样的感受？也许你会因此懂得尊重他人的重要。

通过日程安排提醒自己：比方说要去一个地方，你应该先找出最简单的路程，计算一下需要的时间，然后提前十分钟左右到达。

告诉别人你还有要紧的事情要做，不要害怕，说出来："很抱歉，我不得不打断你，我等下还有一个约会。"

做一个时间上的悲观主义者：总是假定每一件事情都会比你最初预期的完成时间多出那么一点点，这样就可以总是提前一些。

按优先级排序：如果迟到是因为没有足够的时间来做每件事，那么改变这一现状的途径就是停止做这么多事情。

尊重自己：迟到也是一种对自己的不尊重，让自己在别人眼里显得无组织性，所以要记得遵守时间。

第七章

拉近客户

——会赞美，滔滔不绝不如画龙点睛

心理学家指出：每个人都有渴求别人赞美的心理期望，人一旦被认定其价值时，总是喜不自胜。由此可知，你要想拉近与顾客的距离，最有效的方法就是热情地赞美。实际上，会赞美客户会使你的推销变得更加容易。本章介绍的几种赞美技巧可以帮助你更好地销售。

1.
赞美不是虚伪，是迈出真诚的第一步

是什么改变我们的人生？一是我们读过的书籍，一是我们认识的人。过去的漫长岁月、当下以及永恒的未来，有一件事永远不会改变，全世界任何地方都一样，人们会向你提供帮助，是因为他们喜欢你。被人喜欢与喜欢他人都是一件幸福的事。关键是我们更多的时候，无法突破心理的瓶颈，没有勇气告诉别人我喜欢你。试试看，30秒内，在电梯里，开口与你喜欢的陌生人讲话，其实朋友都是从不认识开始的。你喜欢人家，为什么不告诉他呢？如果你对自己有信心，并一直努力试着去看事物明亮和光明的一面，一般而言，都会有很好的收获。我们都喜欢让自己感到愉悦的人，当然如果自己是一个让别人感到愉悦的人，那同样也是一件十分高兴的事情。所以销售人员一定不要吝啬自己的语言，要告诉客户使你愉悦的感觉，让客户感受到你对他的欣赏和赞美。

现实生活中，赞美的例子无处不在。精明的个体小商贩们，当遇到带孩子的顾客时，他不会急于推荐他的商品，而是寻找孩子的优点，真诚的赞美，效果出奇得好，商家与顾客的感情自然拉近了，心里暖暖的，在这种气氛中，顾客不买东西，那才叫怪呢！这就是个体小商贩们真正精明之处，因为他懂得赞美的力量。先来看一下这方面的案例。

一些优秀的售楼员很善于根据不同的对象实施赞美，而得体有效的赞美是售楼成功的第一步：

（1）对年轻的先生

有头衔的：先生，您这么年轻就当上一家公司的经理，实在不简单，事业一定很顺利吧！哪天有机会一定向您请教事业成功的秘诀。

无头衔的：看先生相貌堂堂，仪表出众，一定是公司的老板吧！什么？是业务代表，你太客气了，即使如此，相信不久的将来一定能成为大企业家。

（2）对年轻的小姐

在家闲着，那你好福气。有多少女孩子羡慕你，不必为生活而奔波、发愁，那您先生的事业一定做得很成功吧，他是做什么生意的？

（3）对中年的先生

您事业做得这么大，见识又广，经验又丰富，什么时候教教我。

（4）对中年的女士

看您很和善，人缘一定很好，您是不是做老师的？我最敬佩老师的。

（5）对老年人

您身体健康，红光满面，一定很有福气，有几个小孩子？

（6）对一家人（带小孩）

小女孩儿：你今年几岁了，好可爱，长得跟妈妈一样漂亮，尤其是这双眼睛又大又漂亮。

（7）夫妻同来参观或携子女同行时

在先生面前赞美太太，在太太面前赞美先生，在夫妻面前赞美小孩。先生实在很有福气，能娶到这么贤惠的太太。什么？快三十了！啊！已经是一个小孩的妈妈了，实在是看不出来，您真是驻颜有术、保养有方。

2.
赞美简单，赞美得恰到好处很难

这个世界上有被人赞美而不感到高兴的人吗？大概没有。任何人都喜欢被人赞美，为什么呢？因为每个人都不希望输给别人，都期盼成为胜利者，而不愿做个失败者。当然，表面上看，赞美别人好像很简单，事实上要做得恰到好处并不容易。好话说多了，会认为那不过是场面话，甚至令人感到恶心、招致反感。那究竟要如何赞美才好呢？切记不要一味地赞美对方个人，而是要发现客户的评价需要，给予客户他所渴望的赞美。作为一名销售人员，最大的失败就是不知道客户需要什么，不知道客户在想什么，不知道客户在担心什么等等。站在客户的立场去考虑问题，才能了解客户，赞美客户的话才能说到客户的心坎上。

要抓住关键的赞美，这就需要洞察对方心理，了解对方的心理需求了。交流沟通的大师卡耐基说过，人人都渴望得到赞美，在赞美对方时，应当把话说得明确而自然。我们想想自己，看看周围的人，就会赞同卡耐基的话。可以说，善于交流的人士都深谙这一技巧。

销售人员与客户打交道，要懂得给予客户所渴望的赞美。比如在做电话销售时，座席代表从通话一开始就要表示很乐于为客户服务，在整个推销过程中，要了解客户的需求，说话要有亲和力。要记住，客户只有在愉悦时，才会买你的东西。那么怎样才能做到这一点呢？给予客户所渴望的赞美，就是一种手段。注意，赞美不是曲意奉承，赞美必须真诚，必须恰到好处。

要能够给予客户渴望的赞美，还要求销售人员能够准确地掌握赞美的时机。关键时刻的赞美，更起作用。当对方处于困境，情绪低落，几乎丧失了自信心时，赞美可以让对方得到心理平衡，重新振作。这也是赞美的魅力。

赞美既然要找出可赞之处，就要努力去发现、去挖掘，这也是推销工作中最该使用的一种赞美技巧。

有一对夫妇结婚 10 年一直没有孩子，为了弥补这一缺憾，夫人养了几只小狗，对它们百般疼爱。

有天，先生一下班，夫人便兴高采烈地对他说："你不是说要买车吗？我已经帮你约好了，星期天汽车公司的人就来洽谈。"

不料先生却没有好脸色："我是说过要换车，但没说现在就买呀，你为什么要逞能？"

原来，那个推销员一眼就看出了夫人十分疼爱小狗，于是便大加赞赏这种狗毛色纯洁，有光泽，是最名贵的一种。夫人情不自禁对那个推销员产生好感，很快便答应他星期天来和自己的丈夫面谈。

这位先生是想买一辆车的，因为他的车已经很旧了，但他是个优柔寡断的人，一直拿不定主意去看车。

星期天，这位推销员又上门来了，对这位先生又是一番赞叹。最后，这位先生很痛快地买下了推销员所推销的那辆车。

3.
挖掘出客户身上的潜在优点

赞美是一种艺术。真正懂得赞美艺术的人，不是等到对方真的做得特别出色的时候才去赞美；而是看到对方有潜在能力时就加以赞美，好像伯乐发现了千里马一样。

人都是这样，希望自己的优点多多益善。有一些优点是大家公认的，销售人员能够发现这些优点并不算厉害。也有一些优点其实是潜在的，如果销售人员能够发现客户这些潜在的优点并且给予真诚的赞美，那么一定可以拉近彼此的距离，实现成功销售的目标。事实上，每个人都会有一些值得赞美的优点。

例如一个年轻的女孩子或许长相难看，但牙齿长得很漂亮，或者皮肤很白等等，要善于抓住这些地方对其加以赞美。也许有的人根本不在乎这些小优点，但无论如何，你的赞美一定会使她心情愉快。如果你面对的是一位美貌绝伦的女子，如果你老调重弹，夸其美得如何沉鱼落雁、闭月羞花，往往引不起她多大的兴趣，如果能找出她较不易为人所知的优点，则往往可以使对方感到意外的惊喜。

赞美别人需站在一定的高度上，充分发掘别人成绩的意义，并推测它将带来的影响，因为赞美一个人的行为和贡献比赞美他本人好，但一定要说中要害，这样你的赞美才会被欣然接受。

在日常生活中，人们有非常显著成绩的时候并不多见，很多客户的优点其实都是潜在的优点。因此，交往中应从具体的事件入手，善于发现别人哪怕是最微小的长处，并不失时机地予以赞美。赞美用语愈翔实具体，说明你对对方愈了解，对他的长处和成绩愈看重。让对方感到你的真挚、亲切和可信，你们之间的关系就会越来越好。如果你只是含糊其辞地赞美对方，说一些"你工作得非常出色"或者"你是一位卓越的领导"等空泛浮泛的话语，不但不能让对方高兴，反而产生不必要的误解和信任危机。这样不仅得不到促进销售的效果，甚至还可能失去潜在的客户。

美国华克公司在费莱台尔亚承包修建了一座办公大厦。自承包修建之时起，所有的项目都按预定计划顺利进行着。谁知工程接近尾声，进入装修阶段时，负责提供大厦外部装饰铜器的工厂却突然来电通知他们不能如期交货。大厦不能准时完工，华克公司必将蒙受巨大的经济损失。因此，华克公司的首脑们都非常焦急，但多次打长途电话以及派人反复交涉，都无济于事。最后，公司决定派高伍先生前去谈判。

高伍先生不愧为谈判的高手，他一见到铜器厂的总经理，就称赞道："经理先生，你知道你的姓名在勃罗克是独一无二的吗？"总经理很惊异："不知道。"高伍先生说："噢，我今天早晨下火车，在查电话簿找你的时候，发现整个勃罗克只有您一个人叫这个名字。""这我还从来不知道。"总经理很惊喜地说，"要说我的姓名的确有点不平常，因为我的祖先是200多年前从荷兰迁到这里的。"随后，总经理便饶有兴致地谈起了他的家庭和祖先。待总经理说完，高伍先生又夸奖起他的工厂："真想象不到你拥有这么大的铜器厂，而且我还真没见过这么干净的铜器厂。"

高伍的夸赞使总经理非常得意，他自豪地说："它花费了我全部的精力，我为它感到骄傲。"总经理高兴地说完，便热情地邀请高伍参观他的工厂。在参观的过程中，高伍又不失时机地夸奖了工厂里几种特别的机器，这使得总经理更为高兴。他告诉高伍，这几种机器都是他自己设计的。

最后，总经理对高伍说，没想到我们的交往会这样令人愉快，你可以带着我的承诺回去。即使别的订货拖延，你们的货一定按期交货。

当然，我们赞美客户不明显的优点也要有根据，而不能随便乱说。虽然人人都喜欢听赞美的话，但并非任何赞美都能使对方高兴。能引起对方好感的只能是那些基于事实、发自内心的赞美；相反，你若无根无据、虚情假意地赞美别人，他不仅会感到莫名其妙，更会觉得你油嘴滑舌、诡诈虚伪。

例如，当你见到一位其貌不扬的小姐，却偏要对她说："你真是美极了。"对方立刻就会认定你所说的是虚伪之至的违心之言。但如果你着眼于她的服饰、谈吐、举止，发现她这些方面的出众之处并真诚地赞美，说她气质好，很有品位等，她就一定会欣然接受。

了解他人的心理不仅要抓住对方大致的心理波动，而且要在细微之处下功夫，利用细小的刺激来影响特定情形下的心理，使赞美既能达到"润物细无声"的效果，又有极强的针对性。

4.
赞美客户的"表里不一"

　　人际关系的顺畅是事业成功的最关键因素，而赞美别人是处世交际最关键的课程，如果你懂得如何去赞美别人，再加上你聪明的脑袋，还有脚踏实地的精神，就等于事业成功了一半。从很大意义上讲，学会赞美他人是事业成功的阶梯。

　　学会赞美客户，尤其是给予客户一些意外的赞美是提高销售业绩的秘密武器。怎样的赞美才是让客户意外的赞美呢？很重要的一点就是发现客户的"表里不一"，对客户那些与外表相异的品质给予赞美。

　　我们都知道三国名将张飞，从外表看上去，他就是粗人一个。如果我们"以貌取人"，大概谁也不能把张飞和"细致"联系起来，但是下面这个实例却说明，张飞也是一个细致的人。

　　张飞在长坂坡，面对洪水般冲杀而至的曹操数十万大军，命令手下的骑兵，拖着树枝往来驰骋，扬起漫天尘土，令曹操以为真的有一支兵马埋伏在这里，因此不敢贸然进攻，使得刘备得以延缓战机。这可以说是张飞有勇有谋、粗中有细的最佳表现。

　　张飞有勇有谋、粗中有细的性格，表现得最为充分的，是当他奉军师诸葛亮之命，从荆州赴西川支援刘备的路上。当时，巴郡太守严颜听闻张飞带兵将到，便要迎敌。他手下人劝他深沟高垒，坚守不出，激怒张飞，让张飞军中生变，可乘机擒获张飞。可是结果呢，严颜不但没有擒获张飞，反而是被张飞擒获了。

　　开始的时候，张飞屡攻巴郡不下，确实暴怒。后来，他明白硬攻是难以奏效的，便让军士叫骂，想引得严颜出来交战，可是严颜却不肯上当。张飞又令军士上山打柴，顺便寻找路径。严颜感到奇怪，便让自己的军士扮作张飞军士的模样，也上山打柴，并乘机混入张飞营中，打探消息。张飞故意放出消息，说要在三更从小路上去。严颜听得士兵回报，三更便率军出城，要夺张飞粮草。可是张飞早已经预测到了严颜的图谋，冷不防杀了出来，严颜措手不及，被张飞擒获。严颜坚贞不屈，张飞十分佩服，放了严颜。严颜感怀张飞的恩德，劝降了45个关口，使张飞胜利到达雒城，为征服西川立了头功。

这个例子说明，任何人都可能具备与外表不一致的品质。但是，在现实生活中，我们很多人都容易"以貌取人"，所以与外表不一致的优点往往是最容易被别人忽视的。如果销售人员能够敏锐地捕捉到客户与其外表不一致的优点并给予赞美，客户必然会产生一种被重视的愉悦，会产生一种巨大的惊喜感。客户非常容易地就和销售人员之间建立起一种友好的关系，这种关系对于销售人员成功销售产品是非常有利的。

当然，要发现与客户外表相异的品质，需要销售人员用心。往往这样的优点并不会很轻易地表现出来的，销售人员要通过与客户的交往，用心地观察和了解客户，从一些看似不起眼的小事中发现客户的闪光之处。只有真正了解了对方，赞美才能言之有物，情感才能发自内心，客户也更乐于接受。由衷的赞美是最令对方温暖的礼物，它的价值是难以估计的。当销售人员用心观察到客户与外表相异的品质，并且发自内心地表达赞美时，客户意外的惊喜会汹涌袭来，友善的关系便在一言一语中逐渐建立、累积。从现在起，销售人员应该培养发现别人与其外表相异的品质，并学习赞美的技巧，时时准备为你的客户制造惊喜，而这也是为自己制造销售惊喜的好方法。

5.
发现客户好的变化要予以赞美

　　销售人员要善于发现客户最近好的变化，给予客户惊喜的赞美。若是客户穿了一件很漂亮的新衣服，你可以赞美他有品位并向他请教如何搭配衣服；若是客户新换了一个发型，你可以赞美他的发型让他看上去更具成功人士的魅力，等等。经常对客户好的变化给予赞美，客户会产生一种被关注的感觉，拉近彼此的距离，让对方产生好感，使关系更近一步。

　　关注到对方细微的变化并指出来，传递出去的信息是："你在我心目中的位置很重要，我时刻关注着你的变化。"觉察到客户最近好的变化，就要大胆地表达出来。对于好的变化，一定不要吝惜赞美之辞。

　　人人期待被关注，对客户的变化视而不见，传递的信息是："我根本没把你放在眼里，你不值得我关注。"这样客户必然会不高兴。一个人心中充满期待时，如果你视而不见，他会很失望的。

　　某单位的小王和小张因一件小事发生口角，小张每次遇到小王定会冷嘲热讽一番。有一次，小张的一篇文章发表了，单位的人却一无所知，小张觉得很憋闷，整日愁眉苦脸。小王看穿了小张的心思，便大张旗鼓地在办公室里公布了这个消息，并向小张表示祝贺，小张在欣喜和陶醉之余，向小王投去了感激和钦佩的目光。从此，小张不仅和小王重归于好，而且得到了同事的一致称赞。

　　其实，赞美别人，就是肯定自己。观察到客户最近好的变化并由衷地赞美，就是对自己有信心的表现，也是对自己观察的一种肯定。不要以为赞美别人是一种付出。从"生命能量"的观点来说，这其实是一种能量的转换，对别人赞美的时候，你已经获得了更多的力量。你从嘴里说出赞美的话，一如粒粒珍珠，抹在胸前，它令你充满喜悦的心，更加光芒耀眼。

有调查显示，让客户产生好感的方法，是基于三个出发点——尊重、体谅、使别人快乐——引申出来的，而发现客户最近好的变化并给予惊喜的赞美则是让客户快乐的一个非常有效的好方法。这个方法一定会给你的销售带来意想不到的成果。

6.
借他人之口赞美客户

我们都知道著名销售人物原一平有一个很重要的成功之道是"以赞美对方开始访谈"。每一个人，包括我们的准客户，都渴望别人真诚的赞美。有人说："赞美是畅销全球的通行证。"因此，懂得赞美的人，肯定是会推销自己的人。赞美不仅可以直接说自己的感受，也可以借助他人的评价或感受。

原一平有一次去拜访一家商店的老板。

"先生，你好！"

"你是谁呀！"

"我是明治保险公司的原一平，今天我刚到贵地，有几件事想请教你这位远近出名的老板。"

"什么？远近出名的老板？"

"是啊，根据我调查的结果，大家都说这个问题最好请教你。"

"哦！大家都在说我啊！真不敢当，到底什么问题呢！"

"实不相瞒，是……"

"站着谈不方便，请进来吧！"

就这样轻而易举地过了第一关，也取得准客户的信任和好感。

赞美几乎是百试不爽，没有人会因此而拒绝你的。这种以赞美对方开始访谈的方法尤其适用于商店铺面。在原一平的这个案例中，他其实是借助别人的赞美之语来赞美商店老板，坦诚告诉老板他在当地有很好的口碑。这样一来，对于别人的诚恳求教，商店老板大都会热心接待，会乐意告诉你他的生意经和成长史。而这些宝贵的经验，也正是推销员需要学习的。既可以拉近彼此的关系，又可以提升自己，何乐而不为呢？原一平告诉大家，请记住，下次见到准客户，以赞美对方开始访谈。

但是赞美客户也并不一定总能产生好的效果，比如很多销售人员就常常困惑："为什么我很真诚地赞美顾客，但是顾客觉得很不舒适，还因此而走掉了！"这个问题很有代表性，好的赞美会大大拉近与顾客的距离，促进销售，但是不合适的赞美只会让顾客觉得虚伪、做作和不舒适。因此，赞美客户时也一定要注意技巧，借别人的口去赞美客户就是一个很好的途径，因为有一些话借助别人的口说出来比自己说出来具有更好的效果。

用别人的话来带出你的赞美，话语间是别人的赞美，但实际上是你的赞美。这样的话不仅能准确地传达你的意思、想法，还能使对方愉快地接受。这种借助别人的话来表达你的赞美还有一种妙用，就是它能把你的立场模糊起来，变被动为主动。

销售人员借助他人的评价来带出自己的赞美之语更有说服力。比如在商场买衣服，销售小姐说："你穿这件衣服特别好看。"这样的话你未必会相信，但是如果销售小姐说："刚才那位顾客说你穿这件衣服特别好看。"听者一定会觉得非常愉快，而且购买欲望会更加强烈。

7.
要学会得体地赞美对方

清朝末年著名学者俞樾讲过这样一个故事：有个京城的官吏，要调到外地上任。临行前，他去跟恩师辞别。恩师对他说："外地不比京城，在那儿做官很不容易，你应该谨慎行事。"官吏说："没关系。现在的人都喜欢听好话，我呀，准备了一百顶高帽子，见人就送他一顶，应该不至于有什么麻烦。"恩师一听这话，很生气，以教训的口吻对他的学生说："我反复告诉过你，做人要正直，对人也该如此，你怎么能这样？"官吏说："恩师息怒，我这也是没有办法的办法。要知道，天底下像您这样不喜欢戴高帽的能有几位呢？"官吏的话刚说完，恩师就得意地点了点头："你说的倒也是。"从恩师家出来，官吏对他的朋友说："我准备的一百顶高帽，现在仅剩九十九顶了！"

这虽然是个笑话，但却说明了一个问题，就是谁都喜欢听赞美的话，就连那位教育学生"为人要正直"的老师也未能免俗。

人人都喜欢听好听的话，由衷的赞美是最令对方温暖却不用自己打开钱包的礼物。但是，送出这个不必动用钱包的礼物可不是一件容易的事情，它可不仅仅是讲出几句好听的话那么简单。因此，在赞美别人前最好学几个小技巧，工欲善其事，必先利其器。

赞美最重要的是情真意切。很多人都会误将赞美别人与"拍马屁"混为一谈。实际上真诚的赞美与虚伪的谄媚有着本质区别：前者看到和想到的是别人的美德，而后者则是想从别人那里得到某些好处。如果你不想也不必从别人那里得到什么，那就开诚布公地夸奖他们吧。"听说你上回解决了一件很麻烦的事情，换作我就很可能搞不定"，"这次老总表扬你了，加油啊，前途无量啊，以后多多切磋啊"。不要吝啬你的赞美之词，这可是拉近你们距离、加强你们关系的零成本方法。

让赞美尽量成为雪中送炭。对于自卑感较强或遇到某些困难的人来说，别人当众适时适度的一声赞美，也许会大大增强他的自信。同事遇到困难了，拍拍他的肩膀，真诚地告诉他："你很优秀，我看好你，困难都能处理好，你所缺的只是时机而已。"这些美好的语言会让他感受到自身的价值，鼓起面对困难的勇气。

针对不同的人，赞美的内容要有所区别。同辈人之间，不妨把赞美的侧重点放在能力、学识、思想、工作和为人修养上；对长辈老人，应注重赞美其经验、成就和健康；对领导，则要着重赞美其管理能力和体贴下属等方面。

要知道赞美并不只是语言的。很多时候，一个点头、一个微笑或是一个 OK 的手势，都能传递赞美和鼓励的信息，甚至有时远远超过了语言的魅力。

不要发愁该赞美别人什么，用心去发现每一个人、每一件事的不同之处，那就是值得你赞美的地方。不要以为赞美别人是一种付出，不会赞美别人的人，往往也失去了激励自我的机会。让我们从现在开始，不要再吝惜自己的赞美之语，把赞美别人当成一种积极的生活态度去享受吧！

第八章

销售抗拒
——客户有戒心，你该怎么办

推销最重要的关键是建立跟顾客的信赖感。在销售过程当中，你必须花费至少一半的时间建立信赖感。与客户打交道，消除客户的戒心很重要，只有在真心诚意的交往之下，产品才能够完美成交。销售人员在了解和掌握足够的产品信息的同时，也十分有必要培养和锻炼自身的语言组织和表达能力，用最清晰、简明的语言使客户获得其想要知道的相关信息。

1.
透过"非言语讯息"向客户传达信息

当我们与某人第一次见面的时候，通常情况下，我们会很快对他做出一番评价。尽管我们做出的评价也许与实际情况有些出入，但是通过此番评估，在心里，我们已经对他的友好程度、控制欲强弱以及成为自己合作伙伴的可能性大小有了一个初步的了解。目前，大多数研究者都已经肯定了这样一个事实：话语的主要作用是传递信息，而"非言语讯息"则通常被用来进行人与人之间思想的沟通和谈判。在某些情况下，"非言语讯息"甚至可以取代话语的位置，发挥传递信息的功效。

美国传播学家艾伯特·梅拉比安曾提出一个公式：信息的全部表达 =7% 语调 +38% 声音 +55% 肢体语言，我们把声音和肢体语言都作为非语言交往的符号，那么人际交往和销售过程中的信息沟通就只有 7% 是由言语进行的。销售过程中，要充分运用"非言语讯息"，使对方卸下心防。下面几个方面请销售员们注意。

（1）目光

目光接触，是人际间最能传神的非言语交往。"眉目传情"、"暗送秋波"等成语形象地说明了目光在人们情感交流中的重要作用。

在销售活动中，听者应看着对方，表示关注；而讲话者不宜再迎视对方的目光，除非两人关系已密切到了可直接"以目传情"的程度。讲话者说完最后一句话时，再将目光移到对方的眼睛。这是在表示一种询问："你认为我的话对吗？"或者暗示对方"现在该轮到你讲了"。在人们交往和销售过程中，彼此之间的注视还因人的地位和自信而异。

推销学家在一次实验中，让两个互不相识的女大学生共同讨论问题，预先对其中一个说，她的交谈对象是个研究生，同时告知另一个人说，她的交谈对象是个高考多次落第的中学生。观察结果，自以为自己地位高的女学生，在听和说的过程中都充满自信地不住地凝视对方，而自以为地位低的女学生说话就很少注视对方。

在日常生活中能观察到，往往主动者更多地注视对方，而被动者较少迎视对方的目光。

（2）衣着

在谈判桌上，人的衣着也在传播信息，也在与对方沟通。意大利影星索菲亚·罗兰说："你的衣服往往表明你是哪一类型，它代表你的个性，一个与你会面的人往往自觉地根据你的衣着来判断你的为人。"衣着本身是不会说话的，但人们常在特定的情境中以穿某种衣着来表达心中的思想和建议要求。在销售交往中，人们总是恰当地选择与环境、场合和对手相称的服装衣着。谈判桌上，可以说衣着是销售者"自我形象"的延伸扩展。同样一个人，穿着打扮不同，给人留下的印象也完全不同，对交往对象也会产生不同的影响。

美国有位营销专家做过一个实验，他本人以不同的打扮出现在同一地点。当他身穿西服以绅士模样出现时，无论是向他问路或问时间的人，大多彬彬有礼，而且看起来基本上是绅士阶层的人；当他打扮成无业游民时，接近他的多半是流浪汉，或是来找火点烟的。

在你拜访一个潜在客户之前，检查一下自己的穿着很重要。这样他们会喜欢你并认同你和他们是同一类的人。如何穿着呢？和你的客户穿着一样就很好了。穿着是客户见到你的第一印象，得体的穿着让客户的心情放松。

（3）体态

达·芬奇曾说过，精神应该通过姿势和四肢的运动来表现。同样，销售与人际交往中，人们的一举一动，都能体现特定的态度，表达特定的含意。

销售人员的体态会流露出他的态度。身体各部分肌肉如果绷得紧紧的，可能是由于内心紧张、拘谨，在与地位高于自己的人交往中常会如此。推销专家认为，身体的放松是一种信息传播行为。人的思想感情会从体态中反映出来，略微倾向于对方，表示热情和兴趣；微微起身，表示谦恭有礼；身体后仰，显得若无其事和轻慢；侧转身子，表示嫌恶和轻蔑；背朝人家，表示不屑理睬；拂袖离去，则是拒绝交往的表示。

也许你不信，调查表明超过半数的人认为走路方式是对方认可的重要指标。走路可以看出你的自信心。你不信可以去百货公司看看，一个不介意走路方式的营业员是否会让你反感，因为肢体语言能够表达出一种趋势，那就是你是否自信，或者是否侵犯他人。如果你在销售过程中想给对方一个良好的第一印象，那么你首先应该重视与对方见面的姿态表现，如果你和人见面时耷拉着脑袋、无精打采，对方就会猜想也许自己不受欢迎；如果你不正视对方、左顾右盼，对方就可能怀疑你是否有销售诚意。

（4）礼物

礼物的真正价值是不能以金钱衡量的，其价值在于沟通了人们之间的感情。当你生日时送你一束鲜花，你会感到很高兴，与其说是花的清香，不如说是鲜花所带来的祝福和友情的温馨使你陶醉，而自己买来的鲜花就不会引起如此愉悦的感受。

在销售过程中，赠送礼物是免不了的，向对方赠送小小的礼物，可增进友谊，有利于巩固彼此的交易关系。那么大概多少钱的东西才好呢？在大多数场合，不一定是贵重的礼物会使受礼者高兴；相反，可能因为过于贵重，反而受礼者觉得过意不去，倒不如送点富于感情的礼物，更会使销售对象欣然接受。

（5）时间

在一些重要的场合，重要人物往往姗姗来迟，等待众人迎接，这才显得身份尊贵。然而，以迟到来抬高身份，毕竟不是一种公平的交往，这常会引起对方的不满而影响彼此之间的合作与交往。

赴会一定要准时，如果对方约你7点钟见面，你准时或提前片刻到达，体现交往的诚意。如果你8点钟才到，尽管你口头上表示抱歉，也必然会使对方不悦，对方会认为你不尊重他，在无形之中为销售设下障碍。

文化背景不同、社会地位不同的人的时间观念也有所不同。如德国人讲究准时、守时；如果应邀参加法国人的约会千万别提早到达，否则你会发觉只有你一个人到场。有位驻非洲某国的美国外交官应约准时前往该国外交部，过了10分钟毫无动静，他要求秘书再次通报，又过了半个小时仍没人理会他，这位外交官认为是有意怠慢和侮辱他，一怒之下拂袖而去。后来他才知道问题出在该国人的时间观念与美国人不同，并非有意漠视他。

（6）微笑

微笑如同一剂良药，能感染你身边的每一个人。没有一个人会对一个终日愁眉苦脸、紧锁眉头的人产生好感，能以微笑迎人，让别人也产生愉快情绪的人，是最容易赢得别人好感的。微笑来自快乐，它带来的快乐也创造快乐，在销售过程中，微微笑一笑，双方都从发自内心的微笑中获得这样的信息："我是你的朋友。"微笑虽然无声，但是它说出了如下许多意思：高兴、欢悦、同意、尊敬。作为一名成功的销售员，请你时时处处把"笑意写在脸上"。

2.
用对方的"频道"进行沟通

我们都知道，在看电视和听收音机时，必须调整好接收频道，才能欣赏节目，否则的话，再好的节目也会因为干扰过大而影响效果。

实际上，我们在交际中也存在一个调整频道的问题。

科学研究发现，我们每个人都有一种感官特别敏锐，对我们生活的影响也特别深刻。这种感官可能是视觉，也可能是听觉，或者是触觉。这一特点也反映在我们的交际当中，我们的每一句话会不自觉地反映出自己的这种倾向。

根据这些倾向，我们可以大体把交际对象分为视觉型、听觉型和感觉型。

也就是说，每个人都不自觉地更多地使用自己最敏锐的感官，并且用与这种感官相关的语言来表达自己的感受，形成独特的交际频道。

发现了这一规律，我们就可以在交际中使用对方的频道，与对方进行交流。使用对方频道的方法主要有以下几种：

（1）让语言融入对方的交际频道。

如果我们发现对方属于视觉型的人，我们就要把视觉的说法带入到自己的语言当中，对方就会因交际频道接近而产生共鸣和共振，觉得我们也看到了他们眼中的世界。

如果对方属于听觉型的人，对世界的理解主要是来自于听觉，我们不妨在交谈中放入听觉的表达方式，告诉他们我们听得清楚而且明白。

如果对方更多的是一个感觉型的人，以触觉为主对世界进行把握，那么，我们在交往中就可以多用一些与触觉有关的字眼，告诉他："我感觉这样是可行的。"这样就会让他们觉得，我们与他们的感觉是一样的。

（2）让语速配合对方的交际频道。

不同类型的人，头脑处理外部信息及思考问题的方式是截然不同的。

视觉型的人乃是透过映象的转换，因为头脑中映像的转换速率很快，因而随着头脑中映象的流动，说话的速度快，音调高，他们的呼吸较为短促。所以视觉型的人在呼吸时，胸腔起伏较明显，而且经常在说话时耸肩伸颈。

而听觉型的人说话不疾不徐，音调平和、呼吸匀称，通常在胃部起伏，说话时喜欢侧耳垂肩。

感觉型的人说话语速较慢，声音低沉，说话时停顿时间长，同时说话时使用的肢体动作或手势较多，通常用腹部呼吸。

对不同感官类型的人，我们需要学会用不同的速度音调来交际，换句话说，要把自己的语速和对方的频道配合起来，才能很好地与他们沟通。

比如说，我们面对一个听觉型的人，想和他沟通或说服他，就绝对不能用走马观花的视觉速度向他描述，这样的收效不大，而应该和他一样，用听觉型的说话方式，和风细雨般地与他进行交流，对方才能听得真切。否则我们讲得再精彩，对方可能一句都听不进去。

对待视觉型的人，沟通方式恰恰相反，如果我们企图慢吞吞而且一板一眼地说出自己的想法，对方一定会急得抓耳挠腮。

总之，与不同的人进行交际，都要先初步了解对方是什么类型的人，把握对方的交际频道，从而做到有的放矢，使用不同的用语和语速来交际。对方说话速度快，我们得跟他一样快，对方说话声调高，我们要和他一样高，对方讲话节奏分明，我们就要和他一样也时常停顿。

只有做到这一点，我们才能使用对方的频道与他们交流，有效提高自己的沟通能力和亲和力。

（3）让交际内容接近对方的频道。

除了使用与对方相似的说话方式，我们还需要在交际的内容上下功夫。

在与一些有身份的人交际时，必须让交际内容与对方的频道接近，多谈对方熟悉的内容，因为对方不太可能也没有必要对我们感兴趣。

比如说，如果我们的客户喜欢园艺，那么不妨试一试种瓜得瓜的比喻；如果我们的上司有一艘自己的游艇，那么就告诉他，我们的构想滴水不漏，像刚刚检修过的游艇一样可靠；如果对方有驾驶飞机的经验，那么谈一谈能让公司迅速一飞冲天的计划；如果上司打网球，那么就告诉他这是最有效的击球点。

总之，我们要配合对方的兴趣或者是生活方式，使用对方熟悉的比喻编织一幅图像，这样阐述重点时就更加有力，而且能够巧妙地告诉对方，我们和他志同道合、兴趣相投。

3.
所表达的信息要让客户有认同感

推销的艺术不是一朝一夕就能学到的，所以也有赖于学习别人的经验。但是首先要记住这样一条原则：对人亲切、关心，竭力去了解别人的背景和动机，适合对方的需求而达到自己的目的。只有出于这种动机的信息，才是我们能够真正与对方分享，并且可以对他们造成影响的信息。每当我们开口时，一定记得问自己一个问题："我所说的，与他的生活有什么关系？"

如果我们的信息涉及对方的家庭、藏书、孩子，那么我们就会惊讶地发现，对方会很快接受我们的观点，静下来听我们详细地表达自己，像讲述趣闻轶事一样表达。

有一次，孔子带着几个弟子周游到了鲁国。

春光明媚，阳光灿烂，他们的心情不由得放松下来。谁知一不留神，马车跑到了一片田地里，踩坏了一片庄稼。

正在别处劳动的农夫听到消息跑过来，到"犯罪现场"一看，心疼得很，气势汹汹拉住马头就要把他们扣留下来，要报官要求赔偿。

孔子一看，就派子贡前去交涉。子贡是当时大名鼎鼎的外交家、雄辩家，曾经在鲁、齐、吴、晋、越五国间开展穿梭外交，十年间达到保全鲁国，扰乱齐国，扶持晋国，并使越国称霸的目标。

子贡大摇大摆地走到农夫面前，引经据典，摆事实讲道理说了半个时辰，农夫反而更生气了，招呼几个儿子把刀枪都拿了出来。

子贡大惊失色地跑了回来。孔子说："你用他听不懂的东西说他，就像用山珍海味来喂那些用《九韶》吸引来的飞鸟。"

于是孔子派马夫前去。马夫对农夫说道："老哥你听我说，你若不是在东海耕种，难免也会有动物来吃庄稼，我们若去西海游历，马就难免要吃了别人的庄稼。我们既然碰到一起了，我的马怎么能不侵犯你的庄稼呢？"

当地人一听，觉得有道理，就解开马还给了他们。

人都是以类相通。企图拿诗书之理去说服乡野之人，这正是腐儒误事的原因。子贡的话固然不错，但农民仍不会听从。为什么呢？因为儒生与农民在外貌和修养上相距甚远，农民根本不会相信他所说的话是真的。

多数人在交际过程中，都喜欢跟一个他觉得是同类、具有共同理念的人交往，因为这样可以让他觉得很自在。

找到认同感，会接近彼此的距离，让对方也回报给我们一种好印象。因此，在与人交往时，试着将注意力全心全意地贯注在对方的身上，找到与对方共同感兴趣的话题，是交际成功的一种好方法。

在交际当中，我们必须细细地听对方说话，才能用自己的语言，表达我们的切身感受。如果对方提出了一个观点，千万不要只作漫不经心地回应。如果我们要表示赞同，那么一定要说出完整的句子，告诉对方我们真的听懂了。我们要不时地在对话中加以充实，并且鼓励对方继续说下去。这样我们会加深在对方心目中的印象。

只要场合和语法恰当，尽可能地用"你"做句子的开头，就可以很方便地抓住对方的注意力，并且得到对方积极的回应。没有别的原因，只是这个词触动了人所共有的自我意识和自负心理，同时也避免他们因自行思考加工而可能产生的负面结论。

在交际当中，有样学样是一种十分有效的找到认同的途径。

对于一些自我感觉比较好的谈话对象，我们甚至不用费心琢磨他喜欢听哪个方面的话，仔细听清楚说话者的因素和用词，无论是名词、动词、形容词，还是关联词，只需要像一只鹦鹉一样，重复谈话对象用得最多的最后几个词，或者像空谷回音一样，把一模一样的语言反弹回去，我们会发现自己与对方突然变得无话不说。

这个语言技巧虽然简单，但是效果却非常大。

因为这就像打网球一样，在我们发言的时候，我们时刻注意着把球打回到对方的可控范围之内，这样对方的兴致会越来越高，而不会感到索然无味。同时，对方感觉到他们的话从你的嘴里说出来，一种认同感就会油然而生，他们会觉得与你有相同的价值观、心态、生活经验和兴趣。

我们需要仔细地观察别人，看看他们的举手投足有什么特别，动作很小还是很大、很快还是很慢、是显得年轻还是老态龙钟，气质是典雅还是豪放，然后，假设对方是我们的舞蹈老师，或者他会教给我们绝世武功，仔细观察他的肢体语言，模仿其举止风格。这样一来，对方下意识地会觉得跟我们在一起很自在。

无论我们模仿的是肢体动作、面部表情，还是语气语调，都有助于建立亲切感。许多人在交际时，都有自己习惯性的动作。当我们和他人谈话沟通时，模仿这些站姿或坐姿，他的手和肩的摆放姿势，使用对方惯用的手势来做加强语气，他们耸肩伸颈，你也耸肩伸颈，他的脸部有何表情时，你也和他一样。

一开始的时候，我们自己可能会觉得幼稚或不习惯。如果我们能模仿得惟妙惟肖，对方会莫名其妙地喜欢和接纳我们，他们会反过来投桃报李，把注意力集中到我们身上，而且觉得和我们一见如故。

但模仿的过程中，注意避免模仿对方身体上的不足，或者对方刻意隐藏的某些特点。

模仿一个人时，必须具备敏锐的观察力及弹性，同时熟练的唯一方式就是练习，在一开始模仿他人的动作、表情、呼吸时，每个人都会觉得非常不自在，也许做得不好或不像，这是必然的现象，不过练习一段时间后，我们会对人生理上的变动及肌肉使用得特别敏锐，这时我们甚至不必刻意地去模仿他人的生理状态，便能自然地做出和对方相同的动作、表情来。

我们曾经提到过投桃报李，实际上这也是交际中的一种普遍规律。如果我们一开始跟随和模仿他人的文字、声音、肢体动作，一旦获得对方的好感后，双方的地位便会发生微妙的转化。我们可能会从跟随的地位，慢慢地转换成引导的地位。这时我们可以不必再去模仿对方的说话及动作，而以主导者的方式，改变自己的语气及动作，这时对方将会不知不觉地跟着变化。

为什么会发生这种变化呢？因为用有样学样的方法沟通是对他人重视的一种表现。我们先借着模仿，进入了对方的内心世界，建立了足够的亲和力，这种亲和力反过来会引导对方的行为。

一旦你可以引导对方时，我们便已发挥了潜意识说服的能力了，对方会特别容易认可和接受我们的想法和意见。

从现在开始，训练自己如何运用沟通的技巧，在文字、声音、肢体语言各方面，有样学样地运用仿效的方法，进入交际方的内心世界，与他们进行有效的沟通吧。只有这样，我们才能成为一流的沟通者，顺利地进入对方的内心世界，成为对方的朋友，发挥我们的影响力。

4.
利用通用话题与客户"混熟"

生活中经常能发现这样的人，他们能够很快地与人打成一片，这种人有一个有趣的名字，叫"自来熟"，他们在任何交际场合都能有说有笑，因此人缘很好，信息很灵通，在竞争时占有很多优势。但是我们听一下他们与陌生人交往时的交际"借口"，往往平淡得像白开水一样，但他们就是凭借着这样的"借口"为桥梁，与很多用得着的人物混得特别熟。

有一位营销人员到一家商场推销产品，接待他的是商场副经理，对方一开口，这位营销人员马上说："听口音您是北京人。"

副经理点点头，问道："您也是北京人？"

这位营销人员笑着回答："不，但我对北京很有感情，一听到北京口音就感到非常亲切。"

商场副经理很客气地接待了这位营销人员，生意谈得也很顺利。

下面就是一些人人可用的现成方法，可以提供给我们用来搭桥，拉近与别人的关系进行沟通。

（1）用亲戚和老乡关系来搭桥。

由于亲戚老乡这类较为亲密的关系会给人一种温馨的感觉，使交际双方易于建立信任感。特别是突然得知面前的陌生人与自己有某种关系，更有一种惊喜的感觉。故而，若得知与对方有这类关系，寒暄之后，不妨直接讲出，这样很容易拉近两人的距离，使人一见如故。

现在许多地方，都存在一些老乡会、联谊会等组织，这些老乡会、联谊会就是通过老乡关系把同一地方的人员召集在一块，把大家组织起来。

同时也通过老乡会来相互帮助、联络感情、加强交流。从人的心理上来讲，每个人的潜意识中都有一种"排他性"，对自己的或跟自己有关的事物往往不自觉地表现出更多的兴趣和热情；跟自己无关的则有一定的排斥性。在交谈中，将这类关系的点出来，就使对方意识到两人其实很"近"。这样，无论对方位在你上或你下，都能较好地形成坦诚相谈的气氛，打通初次见面由于生疏造成的心理上的"设防"。

（2）用共同的往事来搭桥。

一群从同一个中学毕业的中年人在开同学聚会。王先生在跟一个高年级学生接触时的头一句话就是："开学时就是你帮我安置床铺的。""是吗？"那个同学惊喜地说。接着两人的话题就打开了，气氛顿时也热乎了许多。那个高年级同学的确帮过许多人，不过开学初人多事杂，大家多数也记不得了，而王先生则恰到好处地点出了这些，给对方很大的惊喜，也把两人的关系拉近了一层。

一般说来，每个人都对自己无意识中给别人很大的帮助感到高兴。见面时若能不失时机地点出，无疑能引起对方的极大兴趣，因此初次见到曾帮过自己的人时，不妨当面讲出，一方面向对方表示了谢意，另一方面在无形中也加深了两人的感情。

（3）用对方的外貌和姓名来搭桥。

一般，每个人都对自己的相貌比较感兴趣，恰当地从外貌谈起就是一种很不错的交际方式。有个善于交际的朋友在认识一个不喜言谈的新朋友时，很巧妙地把话题引向这个新朋友的相貌上。"你太像我的一个表兄了，刚才差点把你当作他，你们俩都高个头儿、白净脸，有一种沉稳之气……穿的衣服也太像了，深蓝色的西服……我真有点分不出你们俩了。""真的？"这个新朋友眼里闪着惊喜的光芒。

当然，他们的话匣子都打开了。我们不得不佩服这个朋友谈话的灵活性。他把对方和自己表兄并提，无形中就缩短了两人之间的距离，接着在叙说两人相貌时，又巧妙地对对方进行很大的赞美，因而使这个不喜言谈的新朋友也动了心，愿意与其倾心交谈。

除了相貌之外，对方的名字也是一个用来搭桥的好东西。

名字不仅是一种代号，在很大程度上也是一个人的象征。初次见面时能说出对方的名字就已经不错了，若能再对对方的名字进行恰当的剖析，就能更上一层楼。譬如一个叫"建领"的朋友，你可以谐音地称道："高屋建瓴，顺江而下，可攻无不克，战无不胜，可谓意味深远呀！"对一位名叫"细生"的朋友，可随口吟出"随风潜入夜，润物细无声"。总之，适当地围绕对方的姓名来称道对方不失为一种好方法。

最后，我们要记住一点，对任何人来说，从我们嘴里发出的最美妙的声音，莫过于在一群人面前说，请他们描述一下自己的经历。因此，参加聚会或者派对时，走到对你很重要的人身边时，先想一想他曾经跟你说过什么往事或经历，选择其中一个比较有趣的，觉得听众也会欣赏的故事，然后把聚光灯打在他的身上，请他做精彩的发言。

这样，一件小小的往事，就能搭建起一座桥梁，让我们顺利地把双方的关系拉近一大步，而且不用我们费尽心机地进行表演。

5.
建立信任感的首要步骤是倾听

很多推销员认为顶尖推销员就是很会说话，其实真正的顶尖推销员是很少讲话的，而是坐在那里仔细地听。

要成为一个很好的倾听者，必须注意以下几个方面。

（1）你必须提出很好的问题。

最顶尖的销售人员在一开始都是不断地发问，"你有哪些兴趣？"或是"你为什么购买你现在的车子？""你为什么从事你目前的工作？"打开话题，让顾客开始讲话。每一个人都需要被了解、需要被认同，然而被认同最好的方式就是有人很仔细地听他讲话。因为在现代的生活中很少人愿意听别人讲话，大家都急于发表自己的意见。如果你能把听的工作做得很好，你跟他的信赖感就开始建立了。

（2）你必须赞美他、表扬他。比如说："你今天看起来真是美极了、帅呆了！"而且是出自真诚的赞美，不是敷衍。记住，赞美会建立信赖感。

（3）不断地认同顾客。顾客讲的不一定是对的，可是只要他是对的，你就要开始认同他。

（4）"神经语言课程"谈到的"模仿"。我们都知道人讲话有快有慢，有的销售人员讲话是比较快的，所以通常他善于沟通的顾客是讲话速度比较快的，而对讲话比较慢的顾客就会失去很大的信任感和影响力。所以每次销售的时候，销售人员会不断地调整讲话的速度，来配合对方说话的速度。

（5）产品的专业知识。假如你没有完整的产品知识，顾客一问三不知，这样马上会让顾客失去信任感。

（6）穿着。通常一个人不了解一本书之前，他都是看书的封面来判断书的好坏；一个人不了解另一个人之前，都是看他的穿着。所以穿着对一个业务员来讲是非常重要的。记住，永远要为成功而讲究穿着，为胜利而打扮。

（7）推销前一定要做彻底的准备，准备得很详细。最好能在拜访顾客之前，彻底地了解顾客的背景，这样顾客对你会更有信赖感。

（8）你必须要让顾客亲眼见证。因为顾客常常会说："OK，假如你讲的都是对的，那你证明给我看！"所以见证很重要。

最后一个建立信任感的方式，就是你必须要有一些大顾客的名单。一个培训师在美国推广训练课程的时候，有人问他："我为什么要听你的？你觉得这个训练可以帮助我们公司吗？"培训师就会展示出他们曾经帮助过IBM、惠普、施乐的记录。顾客看到他们有这种能力，甚至会反过来要求听他的产品介绍。可是如果这个培训师没有这些大顾客的名单，顾客可能就不会听，因为这是在浪费他的时间。

还有一点很重要，就是你必须列出有哪些顾客对你有负面的意见或印象。销售工作非常困难，不可能每一个人对你都很满意。在销售过程当中，成交或是没有成交的顾客中，多少会有一些对你有不好印象的，请你把这些人列出来，同时想出解决方案。

6.
简明的语言更具影响力

美国雷顿公司总裁金姆曾当过推销员。在一次订货会上，规定每人有 10 分钟登台推销的时间。金姆先将一只小猴装在用布蒙住的笼子里带进会场，轮到他上台时，他将小猴带上讲台，让它坐在自己肩膀上，任其跳窜，一时间场内哄乱。不一会，他收起小猴，场内恢复平静，金姆只说了一句话："我是来推销'白索登'牙膏的，谢谢。"说完便飘然离去，结果他的产品风靡全美。

金姆采用的陪衬推销法，别出心裁，别具一格，短短一句话给人留下了极其深刻的印象，达到了最佳的广告宣传效果。

在与客户进行初次约见时，由于心情紧张等原因，可能销售人员会因为急于表达自己的销售意图而忽视自己的表达方式。很多销售人员身上都有过这样的体验，越是慌慌张张地表达自己的意图，就越是错误百出，与客户沟通起来也就越吃力，因此，这些忙中出错的销售人员给客户留下的印象常常是非常糟糕的，客户常常认为，一个无法清晰地表明自己观点的人是无法弄清客户的真实需求的，他所代表的企业恐怕也缺少科学的组织性和系统性。

所以，销售人员在了解和掌握足够的产品信息的同时，也十分有必要培养和锻炼自身的语言组织和表达能力，尽可能地用最清晰、简明的语言使客户获得其所需的相关信息。

7.
适当施加压力可促进成交

人的一切行为都包含着时间的因素。但是经验告诉人们，有些事情的最后期限是不能逾越的，否则就要发生重大损失。谈判往往是在最后不到10%的时间里谈成的。在洽谈的最后时间里，双方做出的每一次让步都可能导致90%的销售价值发生改变。

处于被动地位的谈判者，总是希望谈判达成协议。当谈判双方各持己见、争执不下时，处于主动地位的一方可以利用这一心理，提出解决问题的最后期限和解决条件。期限是一种时间性通牒，它可以使对方感到如不迅速做出决定，他会失去这个机会。因为从心理学的角度讲，人们对得到的东西并不十分珍惜，而对要失去的本来在他看来并不重要的某种东西，却一下子变得很有价值，在谈判中采用最后期限的策略就是借助人的这种心理活动发挥作用的。

最后期限既给对方造成压力，又给对方一定的时间考虑，随着最后期限的到来，对方的焦虑会与日俱增，因为，谈判不成，损失最大的还是自己，所以，采用最后期限压力，迫使对方快速做出决策。

在具体使用最后期限策略时，应注意以下几个方面的问题。

（1）不要激怒对方

最后期限策略主要是一种保护性的行为，因此，当你不得不采取这种策略时，要设法消除对方的敌意。除语气委婉、措辞恰当外，最好以某种公认的法则或习惯作为向对方解释的依据。假如你遵循的是恰当的公认的习惯或行为准则，或者你有一定的依据，对方在接受时就不会有怨气。

（2）给对方一定的时间考虑

这样以便让对方感到你不是在强迫他接受城下之盟，而是向他提供一个解决问题的方案。尽管这个方案的结果不利于他，但是毕竟是由他自己做出最后的选择。

（3）对原有条件要有适当的让步

这样使对方在接受最后期限时有所安慰，同时也有利于达成协议。

时间就是压力，它使对方在商务谈判时无法忘掉这种压力，所以，我们总是全神贯注于对方的最后期限，它有一种无形的催促力量，使对方不自觉地接受它。这就是为什么它的效果如此之大，它常会促使对方做出你希望他做的决定。所以，只要你处在谈判的主动地位，就不要忘记使用这一策略。

8.
以优质服务提升满意度

海尔电器一直倡导的"星级服务"，获得了许多消费者的认同。同样的电器，很多消费者往往愿意再多花一点钱购买海尔的产品，消费者是在为他们的服务买单。海尔集团为建设"星级服务"体系投入了巨大的资金，而且每年还要拿出一些资金来维护体系的正常运行。

服务是一种无形的产品，是维系品牌与客户关系的纽带，随着产品同质化程度的不断加剧，缔造优质的品牌服务，为客户提供满意的服务越来越成为企业品牌战略的重要内容。早有专家断言：未来的企业竞争就是服务的竞争，服务体系的完善程度，服务质量的优劣程度以及由此带来的客户对品牌的综合满意度，将成为评判企业未来竞争力强弱的试金石。

客户的需求得不到有效回应和满足，往往是导致企业客户流失的最关键因素。客户追求的是较高质量的产品和服务，如果我们不能给客户提供优质的产品和服务，客户就不会对我们的销售满意，更不会建立较高的客户忠诚度。因此，应全面提高产品质量、服务质量，从而提高客户满意度，防范老客户的流失。

麦当劳可以说是迄今为止世界上最成功的快餐连锁店了，它的经营理念是 QSCV：Q 代表优质的产品，S 代表快捷友善的服务，C 代表清洁卫生的餐饮环境，V 代表物超所值。现在的麦当劳已经在全球 72 个国家开设了 14000 多家分店，平均每天接待 3000 万人次之多。并且，目前还在继续以每 8 小时新开一家分店的速度急速扩张着。

为了切实地取悦客户，赢得客流，麦当劳在全世界做过几十万份的口感调查，发现当可乐的温度保持在 4 摄氏度时饮用起来最爽口。于是，麦当劳的研究机构立即开发出了使可乐温度保持在 4 摄氏度的方法，并在其全球的加盟店严格执行，使客户喝到口感最好的可乐。在每一间麦当劳餐厅我们都会看到一排面对墙壁的就餐台，为什么会这样布置呢？那是为了避免当客户一个人来用餐时与素不相识的陌生人面对面就餐时的尴尬。

许多销售员已意识到培养忠诚的客户是满意经营的关键，但做法却往往不得要领。例如，当客户在餐厅受到不好的服务而投诉时，餐厅通常以折价或免费的方式给予补偿，期望以此获得客户的忠诚，但这只能平息客户一时的怨气，却无法得到客户的忠诚，因为客户要的是精美的食物和好的服务。

客户需要的不仅仅是产品，只有产品加上服务才能为客户产生价值，这才是客户真正需要的。目前很多的销售人员与竞争对手竞争的就是产品的价格，因为这是最简单的方法，但是，真正精明的用户不会只关心价格的，只要你能将你与竞争对手的差异性转变为客户需求的重要部分，客户就会认同你。仅仅通过价格吸引客户购买的产品根本不需要销售员来做。

9.
用一流的产品和服务吸引客户

每一个产品、每一项服务或者每一次的购买行为都包含有信息成分在内，比如销售食品需要提供营养成分数据、注意事项和配方，汽车、家居用品和家用电器都附有用户手册。人们通过接受这些相关信息充分感受到了产品或者服务为他们带来的各项好处。

确定你的产品或服务的卖点，你要通过这些告诉客户，人家为什么非得买你的而不是别人的。这个步骤看起来简单，但很多人过不了这一关。不管你要营销的是什么，产品、服务也罢，个人才干、特长也罢，首先得清楚你的卖点、优势是什么。很多人不知道根据特定的情况，想清楚能打动对方的卖点，所以不能吸引客户。你自己都稀里糊涂，怎么能说服人家买你的东西？

大多数不满意的客户会无言地离去，根本不给你机会留住他们的忠诚。据美国技术协助研究项目的结果显示，高品质产品或服务对于客户忠诚度非常关键，然而，通过良好的客户服务解决产品或服务的问题同样重要。在某些行业，那些问题得到了解决的客户要比从未碰到过问题的客户更忠诚。在高科技领域，那些设备出现过问题但又得到满意解决的客户中会有高达 90% 的客户再次从同一厂家购买产品，比未曾遇到过问题的客户只有83% 的忠诚度还要高，其原因在于客户常常将你的服务和质量宣言看作是宣传口号，如果你能兑现所言，他们就会印象更深。

制定积极主动的政策，让客户了解他们的订单是否出现了问题，证明你为客户利益着想的诚意，不要等到最后一分钟才告诉客户。要征求客户的意见，明确相应的期望值和最低客户服务水准，并具体到位，比如，来电话应在两声铃响内接听，来访客人必须在 30 秒内迎候。购买仅仅是与客户间关系建立的起点而非终点，销售员必须清楚这一点。

第九章

产品推介

——重点不是说得好，而是客户听得进

推销最终还是以产品为中心，将产品卖出去为终极目的。围绕产品，推销员应该做哪些准备工作，以使推销最终完美达成，这是本章重点要讲的内容。介绍产品的关键不在于能否将产品说得天花乱坠，而在于客户吸收了多少你传达的讯息。一般来讲，站在对方的立场上去介绍产品，客户会比较容易接受。顾客为什么会听取推销员的介绍，恐怕最重要的因素是顾客存在着某种尚待满足的需要。现代推销区别于传统推销的最大方面，就是它旨在满足需求和解决问题，推销员所介绍的产品只有与顾客利益密切相关时，才能受到重视和欢迎。

1.
介绍产品可解决的实际问题

顾客为什么会听取推销员的介绍，恐怕最重要的因素是顾客存在着某种尚待满足的需要。现代推销区别于传统推销的最大方面，就是它旨在满足需求和解决问题，推销员所介绍的产品只有与顾客利益密切相关时，才能受到重视和欢迎。

帮助顾客解决问题是引起顾客注意的重要手段，若顾客在访问开始时已了解到你可以帮助他解决某些问题，那他往往会采取比较合作的态度，乐意接待你。

一个推销员曾把一块透明塑料布样品递给一个汽车经销商，然后对他说："请你摸一摸这块塑料布。试试看能否把它撕烂。"他为什么这样做，是因为推销员知道这位潜在顾客有50多辆汽车存放在露天停车场，需要东西把汽车盖起来以防风沙、雨淋，保护汽车。他在推销时首先让顾客检查一下产品的质量，当顾客发现塑料布不容易撕烂后，当然会认为它是盖汽车的好材料，这样就引起了顾客的注意，坚定了其购买的决心。

很多销售人员认为，经过他们的介绍与讲解之后，顾客会像他们自己一样熟悉产品或服务的细节。其实这是一种十分错误的认识。顾客没有购买的主要原因，恰恰是他们不完全理解你销售的东西是什么，以及他们不知道买了以后能有多大的好处。

某位厨房用品推销员总是在主妇做饭的时间去拜访顾客，当他看到被油烟呛得直揉眼睛的主妇时，总是以同情的口吻说："安上排油烟机吧，它可使你免遭油烟之苦。"对此，主妇总会产生感激之情。

当一个房地产代表向负责的官员们推销房地产投资项目时，曾错误地认为，这些管理着成百上千名员工的行业领袖会非常了解房地产，就像熟悉他们自己的行业一样。因此，他会轻描淡写地介绍产品，以为他们会很清楚地知道能从销售的东西里面获得各种好处。这样一直下去，也许直到他错失了很多笔生意才认识到，要实现销售就必须非常仔细地向客户介绍你的产品，就如同向新的学生讲授一门新课程一样。在销售过程中，推销员要像老师一样推销自己，这很重要。

在具体的销售中，你必须采取一种低压力或无压力的方法，不用试图用任何方式影响或说服客户。你只需要提出一些有水平的问题，然后认真聆听回答。你应该主动参与其中并做好记录。你要将自己定位成一名老师或者一个助手，而不是一名销售人员，最好的方法是使用"展示、阐述与提问"的策略推销你的产品或服务：

（1）向顾客展示。在演说的"展示"部分，必须向客户表明产品或服务如何发挥效用，如何使客户受益。这个过程需要目标客户的参与，让他们自己亲身体验一下产品或服务，证明你的观点。

（2）向客户陈述。在销售过程的"陈述"部分，必须向客户解释产品或服务的特征与优势，你可以摆事实、列数据、引用研究结果以及讲述其他满意客户的事例来丰富你的演说。就像一名律师，为你销售的产品建个档案，以形象的视觉资料或书面材料来"证明"你产品的质量与用途。

（3）向客户提问题。在向客户"提问题"的环节，你必须及时停下来提问题，以便及时了解客户目前的反应。优秀的销售人员有一个明显的特征，那就是不断地向客户提问题，让客户表达他们的观点，发表他们的评论，让客户参与进来；业绩差的销售人员往往因为太紧张，像赛跑似的描述产品的特征，让客户连提问题和拒绝的机会也没有。

以下有一个简单的句型模式能帮你很好地介绍各种产品：

"因为这种……（产品特性），你能……（产品用途），这意味着……（客

户收益)。"

　　例如，想想你正在推销一种最新的办公电脑。你可以这么说："因为有这种 Pentium Ⅲ 的微机处理器（产品特性），你能同时运行多种程序（产品用途），这就意味着你能在更短的时间里完成更多的工作。"

　　当你进行"展示、阐述与提问"时，你就站在了客户而不是销售者的位置上。通过提问，你能知道客户如何利用你提供的产品获得好处，包括教给客户如何最好地利用你提供的产品或服务，以及如何通过这些服务让他们的生活更美好、工作更高效。有不少产品，尤其是多功能的科技产品有许多显而易见的使用价值，你可以用各种不同的方式让客户使用你的产品或服务，让他们得到更多的好处与更大的享受。

　　你洞悉客户需求的能力越强，就能更好地教授他们如何最大限度地利用你们的产品或服务，客户就会更喜欢你、信任你，更愿意同你做长久的生意。

2.
专业，才更容易被接受

做什么事情都有一定的专业性，只要自己肯去琢磨就会比别人强。对于专业性强的保险推销员，并不是对保险产品的透彻理解才叫专业，虽然对产品特性需要明了，但对产品理念的阐释则是重中之重。专业人士不讲保险，讲理念。专业人士不要为了提成而工作，而要为了客户的切身利益着想。这才能叫真正的专业。

推销员承担着多方面的职能，是企业经营的专门人才。因此，推销员必须具有旺盛的求知欲，善于学习并完善推销所必备的知识。大体说来，这些知识包括以下几个方面。

（1）企业知识。推销员应熟悉企业的历史及其在同行中的地位；企业的销售政策、商品种类以及服务项目；企业的定价策略、交货方式、付款条件及保修方法等有关的销售知识。

（2）商品知识。推销员要了解商品的性能、结构、用途、用法、维修及管理程序等知识，同时还要了解与之有竞争关系的商品。

（3）用户知识。推销人员应了解何人握有购买决定权，其动机与习惯，采购的方式、条件、时间等情况。有位推销员与采购经办人洽谈了6个月，但一直未能达成交易。最后他了解到购买设备的大权在总工程师手里，而不是那位采购人员，便改变了做法，在继续与采购人员保持密切联系的同时，也积极与总工程师进行业务洽谈，最终做成了交易。

（4）语言知识。包括普通话、地方话、外语以及语法修辞、语言技巧等。语言是推销员同顾客沟通的工具，对于成功推销产品具有重要意义。

某厂出口菠萝罐头，将"碎块"一词译作英语中的"破破烂烂"，外商见了瞠目结舌。还有一家出产名酒的厂家，竟将"古老的中国名酒"，译成"陈腐过时的中国名酒"，世界上哪个外国人肯掏腰包来买"陈腐过时"的东西？还有这样的例子：一个外国游客在长江游轮上想买一副扑克玩，当他看到小卖部的"马戏扑克"，就赶忙往回跑。究其原因，"马戏扑克"用汉语拼音"Maxipuke"作为商标，英文里"maxi"是"特大的"，"puke"是"呕吐"，合起来就是"特大的呕吐"。有一款北京出品的铅笔销到香港就要幸运得多，出现了港商抢购的局面。是不是质量好，价格低呢？这些原因有之。但其中最大的奥妙是这种铅笔用的是"3388"货号。广东话谐音是"生生发发"，正是生意人吉利的意思，港岛又是广东众多同胞集居地，因此带来了意外的收获。

　　以上语言运用成功及不成功的例子看似与推销活动相差较远，其实道理都是相通的，值得每个推销员认真地思考。

　　（5）风土人情。"入境问禁，入乡随俗"，推销员足迹遍九州，必须了解不同民族、不同地区甚至不同国家的风俗习惯，才能同各种顾客交往，取得他们的信任。有关各地风土人情的丰富知识，对于推销人员来说是一种无价的财富。推销人员接触面愈广，知识愈丰富，愈有利于推销。比如，香港居民大都信佛，十分忌讳"不吉利"的字眼，如"四"谐音"死"，"574"的谐音"吾妻死"等等。因此，市面上的商品名称、汽车牌号、门牌号、电话号码乃至旅馆房号等，都讲忌讳。

3.
如何塑造产品区别于同类的优越性

如何介绍产品以及塑造产品的价值？这是值得每个推销员思考的问题。

为了让你的能力得到最大的提高，让本书发挥最大的功效，请写下你认为介绍产品及塑造产品价值应注意关键要素：

（1）专业水准，对自身产品的了解；

（2）对竞争对手产品的了解；

（3）配合对方的价值观来介绍产品；

（4）一开始就给对方最大的好处，如能带给对方的利益与快乐，可以帮对方减少或避免的麻烦与痛苦。在介绍产品的价值时，一定要告诉对方产品的好处；

（5）然后扩大产品可带来的便捷与可避免的麻烦；

（6）最后告诉他可行性。这里面有几个重要的语句：你感觉如何？你认为怎么样？依你之见会有什么样的结果？

当销售人员通过各种努力使销售沟通进入到实质阶段，客户对销售人员及其所代表的公司不再存有重重疑虑时，客户的注意力就会被吸引到产品上来。此时，销售人员需要向客户提供相关资料，让客户知道你可以怎样满足他们的需要，其实这些也是客户在这一阶段更为关注的事情。

虽然销售人员已经解除了客户的某些疑虑，但这并不表示客户已经认同了自己对所销售产品或服务的需要。事实上，在这一阶段，销售人员的说服技巧将得到更大的考验。要想说服客户，销售人员必须让客户知道，购买这些产品或服务能够带给他们哪些好处，这些好处是否正是他们所需要的。这就要求销售人员必须首先明确，自己销售的产品或服务能够给客户带来怎样的优势，而不仅仅是告诉客户产品所具有的特征。

哪些是产品特征，哪些又是产品的益处呢？对于这个问题，销售人员应该向客户介绍产品之前就该搞清楚。

一般认为，产品的特征就是指关于产品的具体事实，比如产品的功能特点及产品的具体构成等。例如下面的表述就属于对产品特征的介绍：

"这部电脑几乎可以与所有其他软件、硬件和电脑网络配合使用。"这里介绍的是电脑的兼容功能。

"这种产品是由国家技术检测中心监督制造的，它里面的零件全部经过高温熔炼。只要温度不超过 240 摄氏度，这种产品就不会变形。"

产品益处是指产品特征对客户的价值。比如，某项产品特征如何使客户的某种需求得到满足，或者某些特征可以改善客户处境等。介绍产品益处的方式可参考下面这个例子：

"这种设备操作方式极其方便，可以使您在任何时候都迅速而有效地创造效益。"

"采用先进工艺制造的这款手表，无时无刻不在彰显您的品位。"

"这种电脑方便携带到任何地方，您无论是办公用还是出差用都相当轻便。"

4.
幽默的陈述更吸引人

　　销售员必须要吸引住销售对象的注意力，引起他们的兴趣。要达到这个目的，除了针对销售对象的需要，展示你的产品所具有的优越性和价值外，你还必须使你的销售陈述变得生动有趣；同时充分调动你的肢体语言。

　　说起幽默，一般人总以为不过是博人一笑的插科打诨。这就错了，幽默不但能博人一笑，它还有许多功用。关于它的功用，要想开出一张详细的清单都很难，因为它的作用实在是太广泛了。难怪有人说："除了生离死别，幽默到处都可显神通。"其实，这话也只说对了一半，在幽默家眼里，悲剧是不存在的，请看他们设计的墓碑：

　　有一位著名的拳击手，谢世后其碑文写道："你就是数到一百下，我也不再起来。"

　　某位著名演员去世前自题碑文："从此谢幕，退居幕后。"

　　一位拥有亿万资产的房地产商，死后墓碑上刻着："实用面积，十五平方英尺。"

　　看来，幽默真是无处不显其能。在销售界，幽默是一种有效的谋略。

　　美国某公司为了使自己生产的生发药在英国市场上打开销路，委托伦敦一家药店为总经销商，全权代理生发药的销售。这家药店的老板是一位27岁的年轻人，颇懂幽默技巧，他雇了10位秃头的男人做他的推销员。他在10个光秃秃的头上写上"××牌生发剂"的字样，还配上一些稀奇古怪的画面，让他们走街串巷进行宣传。

　　用人脑袋做广告，这样新鲜又有趣。这则令人捧腹的秃头广告一出现，就在伦敦大街上引起了轰动，伦敦的各种新闻媒体也纷纷报道这一举世罕见的广告。这无疑又为这家公司做了免费宣传。

5.
强行推销不如巧妙引导

曾几何时，不少人频频接到保险推销电话，而这些不分时间、场合的保险促销方式也越来越多地被人们所诟病。这种强行推销其实就是在赶跑客户。

原一平谈到自己的经验时说了这么一件事：

有一次，客户问我："原先生，我们交往的时间不算短了，你也给了我很多帮助，有一点我一直不明白，你是做保险业务的，可我从来都不曾听你对我谈起保险的详细内容，这是为什么？"

"这个问题嘛……"

"为什么吞吞吐吐呢？难道你对自己的保险工作也不关心吗？"

"怎么会不关心呢？我就是为了推销保险才经常来拜访你啊！"

"那你为什么从未向我介绍保险的详细内容呢？"

"坦白告诉你，那是因为我不愿强人所难，我向来是让准客户自己决定什么时候投保的，从保险的宗旨和观念上讲，硬逼着别人投保也是错的。再说，我认为保险应由准客户感觉需要后才去投保，因此，未能使你感到迫切需要，是我努力不够，在这种情形下，我怎么好意思开口让你买保险呢？"

"嘿，你的想法跟别人就是不一样，很特别。"

"所以我对每一位准客户都会连续不断地拜访，一直到准客户自己感到需要投保为止。""如果我现在就要投保……"

"先别忙，投保前还得先体检，身体检查通过之后，不但我有义务向你说明保险的内容，而且，你还可以询问任何有关保险的问题。所以，请你先去做体检。"

"好，我这就去体检。"

在原一平50年的保险推销生涯里，从不勉强任何客户投保，这一点也是他最欣赏自己的地方。如果忽视了这一点，而用种种软硬兼施的方法勉强准客户投保的话，将会产生许多中途解约的后遗症，这是得不偿失的。设法使准客户对你想推销的产品有正确的认识之后，再诱导他们自动自发地前来购买，这才是推销员的正确做法。

6.
不要喋喋不休，更不要贬低对手

小张中午跟家人去吃意大利菜，不知道是运气好还是拜经济大繁荣所赐，店里的侍应生个个笑容可掬，热情不已，服务得十分周到。因为吃过早餐，大家还不饿，所以决定直接点主菜。负责帮他们点菜的意大利小伙子热情地说，要不要先来个前菜开胃呢？沙拉、橄榄或者蒜香面包？小张说大家都不是太饿，所以主菜就够了。于是他们边喝饮料边等主菜，等到上了菜小伙子又说，几位要不要添点饮料？主菜过后，他收了盘子，转身便捧来甜点和咖啡的单子，自始至终绝对没有错过任何一个销售机会。小张和家人于是边吃甜点边讨论眼下铺天盖地的过度推销风气，感叹这个曾经被奉为聪明盈利的销售模式已经风光不再。

推销员为了达到成交的目的，往往会喋喋不休地向客户介绍产品的优势。这样做的结果就是，把自家的产品夸得过了头，殊不知，过犹不及的优势介绍会使得客户对你和你的产品产生成见。

以下是一名去超市购物的顾客遭遇一名对产品优势过度介绍的推销员的全过程：

为了购买一些日常用品，我来到某超市，在买了香皂、牙膏、洗发液等日用品后，准备去结账，这时突然想到我家的香油没有了，有时候做凉拌菜要用呢，又回头去买。来到卖佐料的地方，问一个三十多岁的女售货员："哪里卖香油？"

女售货员把我带到卖香油的地方，拿了一瓶 A 牌香油对我说："这不就有吗？"我一看价格：240 克就卖 24 元。我又问她："还有别的牌子的香油吗？"她还是拿着那瓶香油说："有是有，但就是这种最好。"我随手拿起货架上的另一个牌子的香油，252 克只卖 16 元。我拿了准备走，那女售货员突然大声说："那瓶是去年生产的哟。"我一惊："啊？"仔细看了出厂日期，虽然是去年生产的，但离保质期还有快一年时间呢。我又拿起了那瓶 A 牌的香油，看到出厂日期只比另一瓶早了一周时间，明明两瓶都是保质期内的产品，她干嘛这样诋毁别人的东西呢？于是我什么也没说，拿了那瓶自选的香油直接去了收银台。

A 品牌香油的推销员用喋喋不休和贬低竞争对手使得顾客毫不犹豫地选择了其他品牌，这是产品优势介绍过度引起顾客逆反心理的典型案例。

那么，销售员在介绍产品时，应该如何与竞争对手做比较呢？下面几点应该注意。

（1）不要贬低对手

你去贬低对手，有可能客户与对手有某些渊源，比如现在客户正使用对手的产品、他的朋友正在使用或他认为不错的产品，你贬低就等于说客户没眼光、正在犯错误，他就会立即产生反感。千万不要随便贬低竞争对手，特别是对手的市场份额很大或销售量不错时，因为对方如果真的做得不好，又如何能成为你的竞争对手呢？你不切实际地贬低竞争对手，只会让顾客觉得你不可信赖。一说到对手你就说别人不好，客户会认为你心虚或品德有问题。就像上面案例中的香油推销员，说别的品牌生产日期过早，其实自家产品也不过是晚了一周，她如此多此一举会让顾客非常反感。

（2）拿自己的优势与对手的弱点做比较

俗话说，货比三家，任何一种货品都有自身的优缺点，在做产品介绍时，你举出己方的三大强项，与对方的三大弱项比较，即使同档次的产品被你这么一比也就高低立现了。

（3）介绍自己的独特卖点

独特卖点就是只有我们有、竞争对手不具备的独特优势，正如每个人都有的独特个性一样，任何一种产品都会有自己的独特卖点，在介绍产品时突出并强调这些独特卖点的重要性，能为销售成功增加不少胜算。销售员必须明确产品的特征，知晓哪些产品对客户有益处。

第十章

有效说服
——拒绝与抱怨的背后是成交的机会

推销就是语言的艺术，在说服中运用一定的语言诱导是很重要的，但是，运用语言诱导的时候，必须强调话语的适当性。确保使用的语言能够达到一定的说服效果；如果语言运用不恰当，有可能会带来完全相反的效果。推销其实是一种说服过程，聪明的推销员运用说服总是很得法。本节介绍一些方法，供推销员参考。

1.

发现问题：客户为什么会拒绝

顾客购买表现为一种需求，这种需求的满足涉及许多因素。这包括商品、地点、价格、时间和数量。假如这五个因素有一个得不到满足，顾客就有可能放弃购买。顾客的反对也主要是来自这五个方面，即商品式样、颜色、尺寸、型号、质量；商店设计布局与形象；价格适宜程度；何时购买；购买数量的多少等。但是，经验表明，无论顾客怎样反对，实际上这些反对常常仅是一种借口，以掩盖他拒绝购买的动机。比如，顾客不愿承认他无权作出购买决定，就在产品上挑毛病。因而，推销员必须了解顾客的真正反对意见，探寻其拒绝购买的"隐藏动机"。要弄清这一"隐藏动机"，需要推销员向顾客提问题，并细致地观察。

推销员："这种热水器质量不错。"

顾客："是的，不过，我要考虑考虑再说。"

顾客的"考虑考虑再说"是一个购买信号，即持反对意见的购买信号。它表明，尽管顾客看似不愿购买，事实上还是可以成交的，只是由于存在一些不太好说的问题。这时，推销员应进行广泛的启发诱导，探寻其真实的动机所在。

推销员："看来您对热水器感兴趣，你喜欢哪种式样呢？"

顾客："我不喜欢××型的，我怕它不安全。"

推销员："噢，我明白您的意思了，让我给您拿一种安全系数大的看看。"

看来，顾客提出反对意见的真实动机在于安全因素的考虑。这可能是由于推销员在作商品介绍时，对热水器的安全可靠性解释不够，而一旦推销员意识到这个问题之后，生意马上就可以成交。

2.
就事论事，争论会让情况恶化

在与客户谈判时，双方为了谋求各自的利益，必然要在一些问题上发生分歧。分歧出现后，要防止感情用事，保持冷静，尽可能地避免争论，因为争论不仅于事无补，反而会使事情变得更糟。

推销最好的方法是让对方陈述完毕之后，先表示同意对方的意见，承认自己在某些方面的疏忽，然后提出对对方的意见进行重新讨论。这样，在重新讨论时，双方就会心平气和地进行。从而使谈判达成双方都比较满意的结果。比如，在谈判价格问题时，当甲方提出："你方的产品价格太高，不降价无法达成协议。"这时乙方最好的办法不是立刻讨价还价，而是诚恳地表示歉意，对对方说："我们也认为产品价格订得太高了些，但由于它成本高，所以，报价时只考虑了自己的生产成本和盈利指标，忽视了您的承受能力，这是我们的疏忽。对此，我们表示歉意。大家谁也不会为了亏本来谈判。因此，我们愿意就价格问题专门进行磋商。"这样一来。对方就不会觉得你是为了掏他的腰包，而是真诚地为了继续合作。在重新讨论价格时就显得十分宽容和大度。

顾客提出的各种反对意见可能是荒谬的、无理的，有时甚至是让人生气的。但不管怎样，推销员千万不要和顾客争吵，不能冒犯顾客。如果和顾客吵翻了，即使你获得了争吵的胜利，你也无法完成销售了，因为争吵不能说服顾客，只会让顾客寒心和气愤，今后也不会上门购物了。

此外，冷嘲热讽也是要尽可能避免的。对于顾客的无知，推销员应施展说服艺术，尽可能不让顾客难堪，否则仍会让顾客拂袖而去。

请记住：在推销中，推销员首先应该把顾客的过错统统归结于自己，然后再心平气和地进行耐心的解释。不妨把"对不起，我让您产生了误解"之类的话常挂嘴边。

一句销售行话是"占争论的便宜越多，吃销售的亏越大"。销售不是跟客户辩论、说赢客户。客户要是说不过你，他就可以不买你的东西来"惩罚"你。不能语气生硬地对客户说"你错了"、"你连这也不懂"。这些说法明显地抬高了自己，贬低了客户，会伤害客户的自尊心。

对于那些过于敏感的客户，要尽量避免直接或间接地对他们做出可能冒犯的评语，即使如"有点"、"可能"这类有所保留的语气，都会让他们心生疑惑，因此言谈时慎选你的用词，指出事实就好。尤其要让他们了解你只是针对事情本身提出意见，而不是在对他们做人身攻击。针对他们过度的反应，你不要也跟着乱了手脚急于辩解，那可能会愈描愈黑，只要重申事情本身就好。提出意见时也同时指出他们的优点，以及表现出色的地方，以建立他们的自信心。

作为一名优秀的推销人员，应在 3~5 分钟内和一个原本陌生的客户建立一见如故的亲和力。只有交易双方在十分融洽的环境中，双方都不好轻易否定对方，从而不让对方说"不"。推销活动不是口若悬河，让客户没有说话的余地；没有互动，怎么可能掌握客户的需求呢？

对于一些"为反对而反对"或"只是想表现自己的看法高人一等"的客户，若是你认真地处理，不但费时，还有可能节外生枝，客户提出一些反对意见，并不是真的想要获得解决或讨论，你只要面带笑容地同意他就好了，你要让客户满足表达的欲望，然后迅速地引开话题。

人有一个通病，不管有理没理，当自己的意见被别人直接反驳时，内心总是不痛快，甚至会被激怒。心理学家指出，用批评的方法不能改变别人，只会引起反感；批评所引起的愤怒常常会引起人际关系的恶化，而被批评的事物依旧不会得到改善。当客户遭到一位素昧平生的销售人员的正面反驳时，其状况尤甚。不要对客户的反对意见完全否定，不管是否在议论上获胜，也会对客户的自尊造成伤害，如此要成功地商洽是不可能的。屡次正面反驳客户，会让客户恼羞成怒，就算你说得都对，也没有恶意，还是会引起客户的反感，因此，销售人员最好不要开门见山地直接提出反对意见，要给客户留"面子"。

客户的意见无论是对是错、是深刻还是幼稚，都不能表现出轻视的样子，表现出不耐烦、轻蔑、东张西望。不管客户如何批评，销售人员永远不要与客户争辩，争辩不是说服客户的好方法，与客户争辩，失败的永远是销售人员。

3.
客户的抱怨是产品提高的机会

销售过程中，无论客户的抱怨如何无理取闹，你也千万不要动火。要记住不管顾客的态度如何，你的一举一动，都直接影响着公司总体的销售状况，整体的效益，顾客是上帝，这句话永远不会过时。处理客户抱怨的能力也是衡量销售员能力高低的重要标准。

推销员经常会遇到一些突如其来的事情。比如自己正要出门拜访时，一个顾客上门抱怨上次购买的商品有问题，希望能得到维修服务，这时，自己能说"我有约会，你下次再来吧"吗？当然不行，只得留下来耐心地听顾客的怨言，并帮助他获取公司的维修服务，以确保眼前这位"现在的顾客"。

切莫引发"战争"。身为推销员，当顾客向你提出抱怨，你应该谨记的是：这正是考验你究竟有多少能耐的好机会。提出抱怨的顾客，通常情绪激昂，怒火中烧，如果处理方法稍有不慎，就足以引发一场"战争"。处理抱怨的原则有四种。

（1）把抱怨当作一件好事

顾客抱怨时，应该把它看成"好机会"。不要怕它、讨厌它，因为，顾客之所以向推销员提出抱怨，是认为："我提出抱怨必能促使出售商品的公司获得各种改善。"这表示，顾客是信赖你的，你当然要欣然接受。事实上，如果能把抱怨处理好，顾客对你的信赖感只会增多，不会减少。顾客获得强烈的好印象后，必定逢人便说，这无形中给公司做了有力的免费宣传。

（2）要有处理抱怨的固定流程

处理抱怨应该是一套固定的流程，这样才不会把事态扩大，引发不可收拾的局面。你切莫一意孤行，处理之前，你必须请有关部门的人员提供协助，紧密配合，否则容易造成"脱节"、"断层"的现象。

（3）先化解客户的敌意再解释

诚心诚意地道歉一定是处理抱怨时最先要做到的事。接着，采取低姿态，以附和的口气聆听对方的说辞。在顾客怒气已发泄出去（说够了）之后，你再迅速整理他抱怨的重点，并且予以确认。最后探究原因，做适当的处理。

顾客抱怨的原因，不外乎下列数种：

公司的错误，推销员说明不够，顾客的错误，顾客的误解，发生意外事故。

不管原因如何，你要诚心诚意地解释。抱怨只要处理得当，顾客反而会支持你。你要记住这个事实。

（4）处理的速度要快

立刻处理，这是化解抱怨引发的纠纷时最有力的利器。例如，原因在商品的缺陷，你却对顾客说："由于周五下午不上班，紧接着又是星期天，所以，我们在下星期一中午以前，再把新货送到府上……"

如果你是顾客，将做何感想？你一定会想："还要拖到星期一？只考虑到自己的情况，一点也不为顾客着想。这种公司的商品，以后再买才怪呢！"要是你在当天就急急忙忙、满身大汗地把新货送到他的家，那种效果与前者相比，肯定会有很大区别了。

4.
使用积极的字眼，正面引导客户

很多推销活动中，语言所要表达的意思差不多，但由于表达的方式不一样，会使客户产生不同的感觉，从而影响其与你及你所代表的企业的关系。所以，我们要多用积极的字眼，产生积极的效果。

在保持一个积极的态度时，沟通用语应当尽量选择体现正面意思的词。比如说，要感谢客户在电话中的等候，常用的说法是"很抱歉，让您久等"。这"抱歉"、"久等"实际上在潜意识中强化了对方"久等"这个感觉。比较正面的表达可以是"非常感谢您的耐心等待"。如果一个客户就产品的一个问题几次求教于你，你想表达你让客户真正解决问题的期望，于是你说："我不想再让您重蹈覆辙。"为什么要提醒这个"重蹈覆辙"呢？你不妨这样表达："我这次有信心不让这个问题再次发生。"又比如，你想给客户以信心，于是说："这不比上次那个问题差。"按照我们上面的思路，你应当换一种说法："这次比上次的情况好。"即使是客户这次真的有麻烦，你也不必说"你的问题确实严重"。换一种说法可能更好吗："这种情况有点不同往常。"销售员可以体会出其中的差别。下面是更多的例子：

习惯用语：问题是那个产品都卖完了。

专业表达：由于需求很大，我们暂时没货了。

习惯用语：你怎么对我们公司的产品老是有问题？

专业表达：看上去这些问题很相似。

习惯用语：我不能给你他的手机号码。

专业表达：您是否向他本人询问他的手机号。

习惯用语：我不想给您错误的建议。

专业表达：我想给您正确的建议。

习惯用语：你没必要担心这次修后又坏。

专业表达：你这次修后尽管放心使用。

5.
将产品特征转述为实际的便利

无论销售人员以何种方式向客户展示购买产品的好处，通常情况下都要围绕着省钱、省时、高效、方便、舒适、安全、爱、关怀、成就感几个方面展开。

当客户说出愿意购买的产品条件时，推销人员首先要在内心将客户的理想产品要求和本公司的产品特征进行对比，明确哪些产品特征符合客户期望，哪些客户要求难以实现。在进行了一番客观合理的对比之后，销售人员就要针对能够实现的产品优势对客户进行劝说。

例如："您提出的产品质量和售后服务要求，我们公司都可以满足。您可以亲自感受一下产品的质地和制作工艺……我们公司为客户提供的服务项目包括很多种，如……"

在强化能够实现的产品优势时，推销人员必须表现出沉稳、自信的态度，而且必须保证自己的产品介绍实事求是。同时，还有一个问题需要引起推销人员的注意：你要强化的是产品的优势，而不是最基本的产品特征，介绍这些优势时必须围绕客户的实际需求展开，要从潜意识里影响客户，让客户感到这些产品优势对自己十分重要。例如：

"拥有一件这么有品位的产品肯定会让周围的朋友羡慕您的。到时候，您一定要推荐他们到我这里来购买哟！"

"现在签下定单的话，明天早上您就可以邀请朋友一起联网了。我们不但免费送货，而且还可以免费为您开通……这么有个性的键盘是为这种型号的电脑专门配置的，这是目前市场上最新款的个性键盘。"

如何向客户展示购买产品的好处？销售人员可以结合"说"与"做"两种方式。"说"即指用合适的语言向客户表述购买产品为其带来的好处，这时出色的表达方式就显得尤为重要；"做"即指通过实物或模型展示以及其他行动，向客户演示产品的用途或其他价值，这种方式适合小型商品的销售，或者在展会及本公司进行销售时也可以采取这种方式。

　　这里我们主要介绍如何采用"说"的方式引起客户的购买兴趣。通常，销售人员们在向客户说明产品益处时，会根据不同的客户需求采取不同的说明方法，例如：

　　"产品时尚的外观设计可以体现您超凡的品位。"

　　"产品先进的技术会给您创造巨大的效益。"

　　"高效的功能可以满足您的多种需求。"

　　"方便的使用方法为您节省了大量时间。"

　　"优异的品质会让您成为市场中的佼佼者。"

　　……

　　一些销售专家还专门针对如何说明产品益处总结了如下有效句型，根据具体情况套用这些句型不失为一种既省时又省力的好方法。具体句型如下：

　　"会造就您……"

　　"会使您成为……"

　　"会把您引向……"

　　"会为您节省……"

　　"会为您创造……"

　　"可以满足您的……"

　　"使您更方便……"

　　"减少了您的……"

　　"增强了您的……"

　　"有利于您进一步……"

　　"帮助您改善……"

"提高了您……"

"免去了您的……"

"您更容易……"

"使您有可能……"

对于客户来说，只有销售人员说明产品可能为他们带来的价值，他们才可能被说服。熟悉产品特征是推销的基础，可是要想说服客户，销售人员就必须把产品特征转化为产品对客户日后的实际益处。说明产品益处时必须针对客户的内心愿望展开，否则就是徒劳的。

6.
引导客户说"是的"

在说服中运用一定的语言诱导是很重要的，但是，运用语言诱导的时候，必须强调话语的适当性，确保使用的语言能够达到一定的说服效果。如果语言运用不恰当，有可能会带来完全相反的效果。

一位推销员来到一家工厂推销电动机。这家工厂的总工程师将电动机通电后，测试外壳的温度，他认为推销员出售的电动机太热，怀疑电动机质量不好，表示不愿意购买。

这位推销员问总工程师："你这里有符合电制品公司标准的电动机吧？"总工程师答："是的。""电制品公司一般规定电动机的设计标准，温度可高出室温72度，是吗？"推销员又问。"是的。"总工程师回答。

"那电机在你们厂内的温度是多少？"

"大概是华氏75度。"

"假如厂内的温度是75度，那么电动机的温度可高达147度。你要是把手放在华氏147度的水里，是不是会烫伤呢？"

"是的。"

"那你是不是最好不要把你的手放在电动机上呢？"

总工程师只好承认："你说得一点也不错。"结果，他们成交了近五万美元的生意。

要想诱导顾客同意你的看法，就要事先精心地准备一系列问题，这些问题的答案总是肯定的——记住，诱导式询问时千万不要让对方作出否定的回答，否则将使你自己陷入被动。最后，顾客无法拒绝你的要求，顺利地达成交易。

第十一章

促进成交
——如何让客户主动埋单

推销是一种动态的商务活动，它要求销售员必须面对复杂多变的情势做出最为恰当的心理调整和应对策略。推销的目的在于成交，这是毋庸置疑的，然而，究竟什么时候才是购买达成的时机呢？这常常令人费解。倘若漫无目标地等待，成交绝对无望；倘若急于达到目的，总想提早结束商谈，成功的机会也会渺茫。因此，推销员必须积极主动地掌握才行。

1.
顺势借力，让他人成为自己的"营销助手"

营销无常法，策划就是打破常规的艺术而非建立定律的科学，而思维定势的不断打破，是策划人的生命力所在。"有无相生"、"点石成金"、"四两拨千斤"，这三个经典词句，写尽了"顺势而为，借力发力"的创意特色。

基辛格是美国著名的外交家，他有一个朋友在农村种地。这一天，他的朋友带着儿子来拜访他。朋友儿子大学刚刚毕业，还没有找到工作，也没有结婚，朋友就想让基辛格帮一下忙。基辛格听完以后，开玩笑地对朋友说："我已经为您物色了一个最好的儿媳妇，是欧洲一位最有名望的银行家的女儿。"朋友和他的儿子都大喜过望。于是基辛格来到了欧洲，找到了那位银行家："我为您的女儿找了一个千里挑一的好丈夫。""可是我的女儿年龄太小了，我们还不想……""是啊，如果是一般情况下，年龄是太小了，可是我说的这个小伙子是世界最大银行的副行长啊！"银行家和他的女儿大喜过望，同意了。基辛格又来到世界最大银行的行长办公室："我给你找了一位副行长。""可是我们已经有了一位副行长了。""我知道。可是如果你不接受会后悔的。还是让我把这个小伙子的身份告诉你吧：他是欧洲最大银行家的女婿。"于是这位行长欣然同意。

基辛格折冲樽俎之间，不费劲就为小伙子找到了副行长的职位，而且促成了一桩姻缘，让农民的儿子摇身一变，成为银行家的乘龙快婿。其中所运用的顺势借力的技巧，一般人确实不能望其项背。

岳飞的孙子岳珂在其笔记小说《桯史》中写有这么一个故事：

有个卖治脚茧药的人，在店门高挂的木牌上，大书"御供"二字，打出皇帝的旗号。可是药品并不走俏，他却因撒谎被拘传进宫。幸亏皇帝认为他是个蠢汉，没有重罚他，狠狠地训斥了一顿后驱赶出宫。不想他又将木牌上的"御供"改为"曾经传唤"，这样效果就非常明显，他所卖药品一下走俏。

在国外也有一个与此类似的故事，读来也让人忍俊不禁。

一出版商有一批滞销书久久不能脱手，他忽然想出了一个非常妙的主意：给总统送去一本书，并三番五次去征求意见。忙于政务的总统不愿与他多纠缠，便回了一句："这本书不错。"

出版商便大做广告："现有总统喜爱的书出售。"

这些书被一抢而空。不久，这个出版商又有书卖不出去，又送了一本给总统。总统上了一回当，想奚落他，就说："这本书糟透了。"

出版商闻之，脑子一转，又做广告："现有总统讨厌的书出售。"

又有人出于好奇争相购买，书又告售罄。第三次，出版商将书送给总统，总统接受了前两次教训，便不作任何答复。出版商却大做广告："现有令总统难以下结论的书，欲购从速。"结果书居然又被一抢而空。总统哭笑不得，商人大发其财。这就叫水涨船高，你不想让我借光，我偏要顺势借力。

2.
巧妙反问，化解客户的质疑

"交易的成功，往往是口才的产物"，这是美国"超级推销大王"弗兰克·贝特格近三十年推销生涯的经验总结。因此，可以这样说，对于销售人员，哪里有声音，哪里就有了力量；哪里有口才，哪里就吹响了战斗的号角，进而也就有了成功的希望。有时候推销员摸不准顾客的意见来自何种原因，这时，可以采用反问法，变被动为主动，进行相反的推销提示。

所谓"一人之辩，重于九鼎之宝；三寸之舌，强于百万之师。"口才的影响力将会贯穿于销售工作的整个过程，而推销口才的好坏，也将会在每一个环节上，对推销工作的成败产生决定性的影响。可以毫不夸张地说，销售的成功在很大程度上可以归结为推销人员对口才的合理运用与发挥。

顾客："这件衣服要100块钱？"

推销员："那您说要多少钱？"

借助反问，不仅可以委婉地否定顾客的意见，而且又能探寻出顾客反对的原因。

有时，推销员与顾客各持己见，无法取得一致时，推销员可以提出反问："你要我说什么才好呢？"这样，推销员就很容易摆脱困境，而且给顾客造成一定压力，促成购买。

《晏子春秋》中有这样一个故事：

烛邹不慎把一只打猎用的鹰放走了，酷爱打猎的齐景公下令把烛邹推出去斩首，晏子就上前拜见景公，开始了下面一段对话：

晏子："烛邹有三大罪状，哪能这么轻易杀了呢？请让我一条一条列数出来再杀他可以吗？"

景公："当然可以。"

晏子："（指着烛邹的鼻子）烛邹，你为大王养鸟，却让鸟逃走，这是第一条罪状；你使大王为了鸟的缘故而杀人，这是第二条罪状；把你杀了，天下诸侯都会责怪大王重鸟轻人，这是第三条罪状。"

晏子用反语批评齐景公重鸟轻人，既收到批评的效果，又没使自居高位的君王难堪。

当然，应付反对的技巧还有许多，只要推销员在实际推销过程中具有随机应变的能力，推销工作就能够顺利地开展下去。不过，推销员在应付反对时，除了要注意运用有关的技巧，还要尽量避免其他问题的出现。

3.
面对客户，先了解其购买动机

需要是顾客购买商品的前提，而只有这些需要变得强烈起来成为一种动机时，顾客才会真正采取行动。销售员必须了解顾客的需要，然后真诚地满足客户的需要，才能最终达成交易。

同是顾客，但他们的购买行为却常常反差极大。实际生活中常有这样的镜头：

老师问两名学生："你们今天去商店买了什么样的衣服？"

学生 A（兴致勃勃地）："皮尔·卡丹西服！"

学生 B（小心翼翼地）："老师……我买的西服……叫不上牌子！"

为什么有人买昂贵的名牌衣服而有人则买便宜货呢？这主要是因为顾客的购买动机各异。不同的顾客生活的区域不同，具有不同的家庭、社会背景和经济条件，也有着不同的兴趣与价值观。在顾客选择商品时，这些因素都会同时影响顾客的购买心理，影响顾客选择某种商品而非其他商品。购买动机在每一个购买行为中都存在，而且是千变万化、不易掌握的。

但是，推销员应掌握顾客最一般的购买动机，简述如下：

（1）实用、省时、经济的原则

衣、食、住、行的满足是顾客最基本的需要，因而，顾客总是对那些经久耐用、价格低廉的商品感兴趣，他们想使自己手中的货币实现较高的价值。有的顾客可能喜欢买超小型汽车，因为这样的小汽车比较经济，便于停放；有的顾客则愿意买客货两用车，既能载人，又可拉货，较为实用。

（2）健康的考虑

现在，一般人都希望通过购买一些物品来维持身体健康。假如一位顾客久病缠身或受了重伤，这种愿望就更强烈。为防治感冒而备的感冒药；为御寒而买防寒服；为健身而买各种运动器材等。总之，随着现代科技的发展和人民生活水平的提高，顾客在购买物品时愈来愈重视健康和卫生因素。

（3）舒适和方便

人们都喜欢舒服，所以也希望购买的商品用起来能使自己舒适一些、方便一些。一个顾客会说："这把椅子确实很舒服。"其实际意思是："我喜欢这把椅子，当我坐在上面休息时会感到很舒服，因而我想拥有它。"便于操作、稳定可靠的东西会对顾客有很强的吸引力，尤其是需要一些专业知识才能操作的物品，如果变得简单易用，肯定会大受顾客青睐。所谓"傻瓜"相机正是基于这种考虑而设计出来的，既然"傻瓜"都会用，何况我呢？于是乎，大家都争相购买。

（4）安全要求

人们都希望有一种安全感，以便遇到可能的伤害时能够进行有效的防护。这是一种安全需要的体现。顾客在了解一种商品信息时，一般都希望了解这种产品的安全可靠程度，如果觉得此种商品安全系数低，买卖就会告吹。儿童玩具过去曾被认为是不安全的，因为有的玩具粗制滥造，有的漏电，有的有锋利的边角。后来这些有问题的玩具被从货架上拿走了，而经过改进后的玩具逐渐变得安全了。另外，人们都普遍关心避免丢失钱财物品，所以，现在防护器材十分畅销，人寿保险、财产保险、健康保险等也逐渐受到顾客的喜爱。

（5）喜爱

喜爱是一种带有感情色彩的购买动机。如今，许多顾客购买商品就是为了满足对另一个人感情上的需要。父母买一台彩电，不但是作为家庭娱乐的形式赠予全家的一件礼物，同时也为了体现对所有家庭成员的关爱；

购买书籍和杂志也是出于同一个原因。一个人表达自己的感情可以采取多种方式：送花、寄卡片向朋友致意，送糖果、珠宝饰物、玩具等等，这些方式都可表示对某个人的爱意。当购买是为了表达对他人的关爱而进行的时候会变得非常惬意。寄一张"我想念你"的问候卡会给一个人的生活增添快乐。

（6）声誉和认可

产品的声誉能对顾客产生很大的影响。这种声誉天长日久会在顾客心里形成一种对该产品的偏爱，从而激发购买欲望。如世界上的名牌产品"耐克"、"彪马"、"宝洁"、"日立"、"松下"、"索尼"、"阿迪达斯"等，都深受顾客的喜爱，认可是一种要求别人承认的愿望。每个人都希望别人注意自己，希望得到别人的尊重。流行服装、艺术珍品、家具、假发和其他奢侈品的销售都是为了满足顾客希望得到认可的心理。这些象征物还能帮助顾客获得事业上成功的感觉和赶时髦的心理。

当然，顾客总是在不停地寻找那些能获得更广泛认可的商品。不要企图将过时的东西卖给顾客，即使顾客一时接受了，不久也会认识到他买的是件已遭淘汰的产品，这会失去对你的信任。由于人的个性千差万别，有的人希望自己受人爱戴，具有较高的声望；有的人则追求健康、成功和权力，这些都包括在声誉和认可的购买动机中。尽管许多顾客不愿公开承认这些动机，但它却在每一次具体购买活动中毫无例外地存在着。

（7）多样化和消遣的需要

大多数人都希望自己的日常生活丰富多彩。生活多样化和消遣是一个人恢复体力和精神的一种手段，它为人们的生活增添乐趣。比如，为了消遣和娱乐，一个人购买帐篷、睡袋、灯笼等，以便在野营中度过愉快的周末；另一个人也许会购买一架钢琴，参加有关钢琴知识的讲座，让生活变得丰富多彩。

4.
及时捕捉成交的信号

推销的目的在于成交，这是毋庸置疑的，然而，究竟什么时候才是购买达成的时机呢？这常常令人费解。倘若漫无目标地等待，成交绝对无望。若是急着达到目的，总想提早结束商谈，成功的机会也会渺茫。因此，推销员必须积极主动地掌握才行。

成交时机的把握正如钓鱼。当你聚精会神地坐在岸边注意水面上的浮标时，你一定会发现，每当鱼接近诱饵时，浮标就会有轻微的摇动。此时，倘你按捺不住立即收竿，必然会大失所望；相反，倘若你按兵不动，迟迟不收竿，鱼势必会将诱饵吃光，并从容地游走。这种微妙的情形与推销时机的把握极为相似。

那么，我们该如何抓住适当的时机，促使购买达成呢？这要分析顾客的购买信号。

购买信号是顾客在已决定购买但尚未采取购买行动，已有购买意向但不十分确定时，通过行为、言语、表情等多种外在渠道所表露的心态。如前所述，推销员和顾客见面后，从引起对方注意，到最后决定购买的过程是相当迂回曲折的，要经历许多阶段。在推销员激起顾客购买欲望并建立信誉之后，顾客的各种表现实际上就是一些不同的购买信号，推销员要迅速地抓住这些信号，运用一些技巧，促使顾客下决心购买。

这些购买信号大多通过顾客的"本体语言"表现出来。例如：

一位买主本来无精打采、垂头丧气，可现在却变得兴致勃勃；

准备靠回座椅突然又向前坐起；

把你和你的竞争对手的各项交易条件具体地加以比较；

询问交货日期；

把其他公司推销员安置一边而单独与你交谈；

拿着一个样品不放，仔细地检查；

反复试用样品；

索取说明书或样品；

以种种理由要求降低价格；

要求详细说明产品的养护及费用、使用注意事项等；

主动表示与推销员所在企业的职工或干部有私人交情；

接待态度逐渐好转。

有时候，异议也可以是购买的信号，尤其是关于搜集信息的异议。推销员要学会从理智的异议中，分辨出哪些是真正的异议，哪些是成交的信号。另外，推销员一定要确信他没有误解这些信号，因为"本体语言"有被误解的可能。可以向顾客提几个问题来检验顾客的购买欲望是否已被推销员的游说所引起，如果答案是肯定的，那么这就是成交的良机。

一个杰出的推销员应当在整个推销过程中时刻注意捕捉购买信号，只要信号一出现，就要停止正在进行的工作，迅速转入促成购买的阶段。只有这样，才不会失去机会。

5.
免费试用，为顾客带来安全感的成交策略

免费试用，顾名思义，是指商家为了打消客户的某些顾虑，为用户提供的无须支付任何费用就可以使用商品的一种活动。免费试用具有少量、限量、限时等特点，它是在商家对其产品品质自信基础上，一种有强烈商业动机的市场活动。

免费试用能够给顾客带来一种安全感，人们往往喜欢免费的东西，也更喜欢试用后再买，所以现在有一些大的网站，比如："我就爱免费网"，该网站就专门提供一些免费的试用产品，比如免费试用化妆品、免费试穿衣服、免费试用产品，有的商家搞活动甚至在这些网站直接给顾客产品。所以免费试用是种趋势。

顾客试用产品是一种购买信号。据此道理，推销员应该认识到，鼓励顾客试用产品是促成购买达成的有效手段。

鼓励顾客试用产品至少能达到两种推销效果：

一是顾客在试用产品的过程中会真正体会到商品的价值和使用价值，充分地认识到商品的性能及优点，并能熟练地掌握一些基本的操作技巧，这样就促使顾客产生强烈的拥有该种商品的欲望。比如你把一个吸尘器让顾客试用一周，等一周以后你再去取时，他会真的感到家中少不了这个帮手，那他自然也就会买下它了。

二是顾客在试用产品之后往往不好意思再拒绝购买。我们前面分析顾客类型时曾从性格角度对顾客进行了不同的分类。对于那些外表温和、态

度从容、但内心却瞻前顾后的优柔寡断型顾客，鼓励其试用产品，就能消除其犹豫心理，敦促他下决心购买；对于那些决断力强、慷慨坦率的豪爽干脆型顾客，只要他们试用了产品，基本上感到满意之后，肯定会毫不犹豫地做出购买决定。

6.
在讨价还价中如何实现双赢

　　终端销售的过程中除了需要声情并茂的讲解外，同时需要掌握一些销售的技巧，才能使整个销售解说过程表现得更加完美，更加能打动消费者。

　　消费者在购买产品时讨价还价的原因主要有：一、对价格有异议；二、追求成就感。我们的应付对策首先是自信，突出品牌效力，建立不容置疑的诚信感；其次需要对消费者适度的恭维与夸奖，使消费者获得某种程度的满足感；最后用执着的精神触动消费者的同情心。

　　（1）高低并举技巧

　　顾客购买产品一般都会采取货比三家的方式。这个时候直销员就要用自己产品的优势与同行的产品相比较，突出自己产品在设计、性能、声誉、服务等方面的优势。也就是用转移法化解顾客的价格异议。常言道，"不怕不识货，就怕货比货"，由于价格在"明处"，顾客一目了然，而优势在"暗处"，不易被顾客识别。不同生产厂家在同类产品价格上的差异往往与其某种"优势"有关，因此，直销员要把顾客的视线转移到产品的"优势"上。这就需要直销员不仅要熟悉自己销售的产品，还要对市面上竞争对手的产品有所了解，才能做到心中有数，知己知彼、百战不殆。

　　另外，直销员在运用比较法的时候，要站在公正、客观的立场上，一定不要恶意诋毁竞争对手。通过贬低对方来抬高自己的方式只会让顾客产生反感，结果也会令直销员失去更多的销售机会。

　　（2）化整为零

　　如果直销员把产品的价格按产品的使用时间或计量单位量化至最小，可以隐蔽价格的昂贵性，这实际上是把价格化整为零。这种方法的突出特点是细分之后并没有改变顾客的实际支出，但可以使顾客陷入"所买不贵"的感觉中。

一个直销员向一老年女性推荐保健品，女士问他多少钱，这位直销员不假思索脱口而出："450元一盒，三盒一个疗程。"话音未落，人已离开。试想，对于一个退休的女士来说，400多元一盒的保健品怎么可能不把她吓跑呢？没过几天，小区又来了另一位直销员，他这样告诉那位女士："您每天只需要为您的健康投资15元钱。"听他这么一说，女士就很感兴趣了。产品价格并没有改变，但为什么会有截然不同的两种效果呢？原因是他们的报价方式有别。前者是按一个月的用量报的，这样报价容易使人感觉价格比较高；后一位直销员是按平均每天的费用来算的，这位女士自然就容易接受多了。

由此可见，价格因素在销售过程中的重要性。虽说价格不是决定销售的唯一因素，但是直销员掌握好和顾客谈价格的技巧，就能在销售过程中尽量避免因为价格问题产生的失误，使销售业绩再上一个新台阶。

（3）指利谈价技巧

在我们的推销过程中，价格总是被顾客最常提起的话题。不过挑剔价格本身并不重要，重要的是在挑剔价格背后真正的理由。因此，每当有人挑剔你产品的价格时，不要和他争辩；相反，你应当感到欣喜才对，因为只有在客户对你的产品感兴趣的情况下才会关注价格，你要做的，只是让他觉得价格符合产品的价值，这样你就可以成交了。

突破价格障碍并不是件困难的事情，如果客户老是在价格上绕来绕去，是因为他太注重价格，而不愿意注重他能得到了哪些价值。

在这种情况下，你可以试试下面的办法。你可以温和地问：某某先生，请问您是否曾经不花钱买到过东西？在他回答之后，你再问：某某先生，您曾买过任何便宜货，结果品质都很好的东西吗？你要耐心地等待他的回答。他可能会承认，他从来就不期望他买的便宜货后来都很有价值。

你再说：某某先生，您是否觉得一分钱一分货很有道理？这是买与卖之间最伟大的真理，当你用这种方式做展示说明时，客户几乎都会认为你说的很正确。

在日常生活中，你付一分钱买一分货。你不可能不花钱就能买到东西，也不可能用很低的价格却买到很好的产品。每次你想省钱而去买便宜货时，总是悔不当初。

你可以用这些话结尾：某某先生，我们的产品在这高度竞争的市场中，价格是很公道的，我们可能没办法给您最低的价格，而且您也不见得想要这样，但是我们可以给您目前市场上这类产品中可能是最好的整体交易条件。某某先生，有时以价格引导我们做购买决策，不是完全有智慧的。没有人会为某项产品投资太多，但有时投资太少，也有它的问题，投资太多，最多您损失了一些钱，投资太少，那您所付出的就更多了，因为你所购买的产品无法带给你预期的满足。

在这个世界上，我们很少有机会能以最少的钱买到最高品质的商品，这就是经济的真理，也就是我们所谓的一分钱一分货的道理；这些话永远是真理。未来客户了解你是绝对诚实而爽快的人，他必定会了解你的价格无法减让。这不是拍卖会，你并不是在那里高举产品，请有兴趣的人出价竞标。你是在销售一项价格合理的好产品，而采购决定的重点是，你的产品适合客户，从而解决问题和达到目标。

（4）价格细分技巧

将报价的基本单位缩至最小，以隐蔽价格的"昂贵"，使顾客陷入"所费不多"的错觉。经验表明，以一件产品的单位报价，比以一打产品的价格报价更能促成交易。比如，火柴一包是5角，那么说每盒5分会让顾客听起来格外舒服；每斤茶叶20元钱，往往会被说成"2块钱可买1两"。"这种高压锅的使用寿命至少是10年，即使是按10年计算的话，您一年只需花费24元，一个月才花2元钱。而且在使用过程中，您节省的做饭时间和燃料费用可要比这多得多……"

顾客听到这种形式不一样而实质却一样的报价，其心理感受是大不相同的，相信每个人在购买商品时都会有此种体会。

（5）双赢技巧

虽然销售人员开展销售沟通的直接目标是为了以自己满意的价格销售出更多的产品或服务，但是如果只专注于自身的销售目标而不考虑客户的需求和接受程度，那这种销售沟通注定要以失败告终。所以销售人员必须要在每一次销售沟通之前针对自己和客户的利益得失进行充分考虑，不仅要考虑自己的最大利益，也要考虑客户的实际需求和购物心理。

通常客户都希望以更低的价格获得更好的产品或服务，而销售人员则希望自己提供的产品或服务能够获得更大的利润。在此，销售人员应该知道，自己和客户之间既存在着相互需求的关系，又存在着一定的矛盾。如果你能把握客户特别关注的需求，而在一些自己可以接受的其他问题上进行让步，那就会使双方的矛盾得到有效解决。例如：

"您提出的产品价格我已经和公司商量过了，最终我们提出的建议是：如果您的购货量达到 10 万箱的话，我们才能以这样的价格成交，当然，我们需要先拿到一半预付款。"

"您要这批货有急用是吗？那您看这样好不好，产品不像以前那样采用精包装，这样可以节省装货时间。至于产品的质量您绝对不用担心……"

（6）成本谈价技巧

销售人员可以把客户特别满意的产品与其他不同档次的产品进行比较，然后让客户在多种产品之间进行选择。在比较的过程中，销售人员可以针对客户的实际需求对他们提出合理化建议，例如：

客户："各方面条件都不错，只是价格太高了……"

销售人员："如果您觉得这一款价格较高的话，可以看看另外一款……"

客户："这一款不如刚才那款漂亮，性能也不太好……"

销售人员："是啊，虽然这一款价格比较低，可是各方面的条件都不如刚才那款更符合您的需求。我刚才向您介绍的那款性能优良、外型设计精美，而且做工也非常好，您用它可以……"

销售人员也可以把本企业的产品与其他价格较高的产品进行比较，从而使客户更容易接受你提出的价格，例如：

"您也看到了，我们的产品价格是市场上最低的，这是因为我们公司直接从厂家以最低价拿货，而且有自己的物流公司，所以成本要比其他商家都低……"

（7）暗示对比技巧

为了消除价格障碍，推销员在洽谈中可以多采用比较法，它往往能收到良好的效果。比较的做法通常是拿所推销的商品与另外一种商品相比，以说明价格的合理性。在运用这种方法时，如果能找到一个很好的角度来引导顾客，效果会非常好，如把商品的价格与日常支付的费用进行比较等。由于顾客往往不知道在一定时间内日常费用加起来有多大，相比之下觉得开支有限，自然就容易购买商品了。

比如说购买大件物品时，客户往往嫌价钱贵，怕不合算，是顾客共有的心理。对这种顾客，你千万不要说"价钱可以商量"、"可分期付款"等话，这是一种很糟糕的答话方式，这无异于承认你所推销的商品定价的确过高。怎样说才是恰当的呢？

一套家庭组合音响价格是 2000 元钱，顾客嫌贵，一位立体声录音机推销员曾向他的顾客这样证明其录音机的价格："你说得一点也不错，2000元的确不是一个小数目。但是您想没想过，这东西不是一天两天、一年两年就能用坏了的。一般情况下，它能用个十年八年没有问题，就假定它只能用五年吧！一年平均 400 元，每一天平均不到 1.5 元。您抽烟吧，一盒烟至少也得个三五块钱，一天您总得抽一盒吧，您看，还不到一盒烟钱。这样一天分摊的费用不能算贵吧！我想，您赚的钱支付它是绰绰有余的。"

在这段话中，你先承认了顾客的说辞，让他的心理得到了满足；然后，又给他算了一笔账，不算不知道，一算就明白了，原来，2000 元钱整体看是个大数目，但一化整为零，就显得不多了。况且再跟每日吸烟所花费的烟钱一比，就更微不足道了，于是，顾客欣然地掏钱购买。

（8）折中定价技巧

和顾客讨价还价要分阶段一步一步地进行，不能一下子降得太多，而且每降一次要装出一副一筹莫展、束手无策的无奈模样。有的顾客故意用夸大其词甚至用威胁的口气，并装出要告辞的样子吓唬你。

客户说："价格贵得过分了，没有必要再谈下去了。"

这时你千万不要上当，一下子把价格压得太低。你可显出很棘手的样子，说："先生，你可真厉害呀！"故意花上几十秒钟时间苦思冥想一番之后，咬牙作出决定："实在没办法，那就……"比原来的报价稍微低一点，切忌降得太猛了。

当然对方仍不会就此罢休，不过，你可要稳住阵脚，并装作郑重其事、很严肃的样子宣布："再降无论如何也不成了。"

在这种情况下，顾客将认为这是最低限度，有可能就此达成协议。

也有的顾客还会再压一次，尽管幅度不是很大："如果这个价我就买了，否则咱们就算了。"这时推销员可用手往桌子一拍，"豁出去了！就这么着吧"，立刻把价格敲定。

实际上，被敲定的价格与公司规定的下限价格相比仍高出不少。

（9）转移目标技巧

讨价还价的结果往往会使洽谈陷入僵局。这种对峙而又毫无进展的局面，显然是双方都不愿看到的，因此，推销员应尽力把顾客的注意力吸引到别处，避免出现僵局。

无论产品的价格是多么公平合理，只要顾客购买这种产品，就要付出一定的经济代价。基于此，在洽谈中，推销员不应过早地提出价格问题，起码也要等顾客对产品的价格有所认识之后，你才能与之讨论价格问题；否则，如果在此之前与顾客讨论价格，那就有可能打消他的购买欲望。相反，当顾客对某种产品的欲望已很强烈时，他对价格的考虑也就越少。

如前所述，购买欲望的产生来自于顾客对商品的需要，商品越是符合顾客需要，顾客就越感到价格合适。这就是专门为顾客定做的任何一件产品的价格都对企业有利的缘由了，因此，推销员应强调产品的性能、特点、实用性、先进性，使顾客最终认识到你的产品使用价值很高，购买该产品后能得到诸多实惠，相比之下，价格就显得其次了。

对于退而求其次的策略，并非是应付客户要求时完全被动的方式，如果运用得当，销售人员完全可以利用这种方式获得更大的利益。

如何巧妙地运用这一方式获得更大的利益呢？转移客户关注的焦点，然后在一些无关紧要的问题上做出适当让步，这就是一个避免被迫抉择的好技巧。运用这一技巧的关键是如何将客户关注的焦点转移到那些无关紧要的问题上。具体如何实施这种技巧，可以借鉴下例中销售人员的做法：

销售人员："这周是本公司促销活动的最后一周了，您现在可以做决定了吗？"

客户："我还想认真考虑一下。"

销售人员："好的。这么说，您对这种产品还是很感兴趣的？"

客户："是有一点兴趣，不过我需要花点时间好好想一想。"

销售人员："您不是为了糊弄我，随便说说的吧？"

客户："当然不是，我会认真考虑的。"

销售人员："好，我想您肯定还对这种产品有些不放心？是害怕我们不能按时交货吗？"

客户："是有一些这方面的担心，你们的交货周期通常是多长？"

这时，销售人员需要表现出对双方都比较关注的问题不在意，甚至根本就略过不谈，而把其他自己不太关心的问题置于比较引人注目的地位，让客户在你不太关心的细枝末节上大下功夫，而无暇顾及彼此都十分关注的问题，如价格等。

（10）利用情感技巧

推销员报价时，保留价格尾数，采用零头标价，如报价为 9.98 元，而不是 10 元，使价格保留在较低一级档次。这样，一方面给人以便宜感，另一方面又因其标价精确给人以信赖感。

奇数报价可以满足顾客求实消费的心理，使之感到物美价廉。

在让步的同时明确告诉客户，你做出这样的决定非常艰难和无奈。除了明确告诉客户之外，销售人员还可以通过请示领导、拖延时间、示弱等方式让客户感觉到得到这样的让步已经很难得了。比如当客户提出某项要求时，即使这些要求可以实现，销售人员也不要爽快地答应，而要通过一点一点的微小让步来显示让步的艰难，这样可以降低客户过高的期望。掌握这一技巧十分重要，如果销售人员在让步时表现得非常轻松，那客户会认为你还有更大的让步空间。

（11）不便打折技巧

不要低估自己的重要性，价格谈判时，必须先做自我的心理调整。买卖是一桩彼此相互的商业行为，千万不要自贬身价，一心只求对方下订单给你；你要想，你的产品是为客户解决问题或是为客户创造利益：买卖双方是互惠互利的，因此，千万不要低估自己的重要性，这样你才能理直气壮地说明产品的价值，才能给客户信心。请看下面一个例子：

顾客："请问，您能以什么优惠价格给我呢？"

推销员："唉呀，您开玩笑了。实在对不起，本公司规定一向不打任何折扣。因为我们绝不会在产品品质上打折扣，当然也不能在价格上打折扣了。换句话说，我们绝不会蒙骗顾客。"

如果产品是个小产品，或者正处于产品衰退期又无很多促销费用的投入时，我们还搞不搞促销，又如何搞呢？如果不想产品非自然死亡，笔者认为促销活动仍要搞下去。这时的目的就是想尽办法促销。是搞买赠，还是返现金、返礼品、兑奖品，这就要靠你八仙过海，各显神通了。

在开展促销活动前，明确这次促销活动的目的是很有必要的。我们应该根据不同的目的设计不同的促销手段，以及安排活动的侧重点、促销范围、力度等，只有目的明确才能保证促销活动的效果，这是个前提条件。我们有些企业往往是为了促销而促销。"促销就是打折"这句话就很有代表性。笔者认为，促销不仅仅是在价格上给予顾客实惠，更重要的是为了维护和延长产品的生命周期，从而使企业获得更大的赢利空间。

第十二章

口碑传播

——全民参与营销的互联网时代

互联网时代为销售赋予了新的营销途径，不同于传统的推销方式，互联网时代讲求人人参与，人人都可以成为产品的推销者。利用网络平台宣传产品口碑，是打造高销量的不二法宝。作为一种低成本、高收效的营销方式，网络营销是销售者必备的新技能。

1.
互联网实现产品口碑急速传播

网络作为一种大众媒体，在信息传送的速度和容量上，网络媒体实现了空前的突破，从而使得传统媒体逐渐被取代。

那么，互联网的出现主要给传统的面对面的口碑传播带来了哪些重大变革呢？具体如下：

（1）存储便捷

数字计算机技术使得互联网上的口碑传播内容可以轻易被复制、保存，从而延长了口碑传播信息的持久性。

（2）存在时间差

与包括电话传播在内的传统的面对面口碑传播方式相比，网上口碑传播具有非同步性，也即是传播、接收信息之间存在时间差。因此，消费者可以根据自己时间的安排来参与到网络口碑传播活动中来。这样的传播方式不仅为消费者带来了便利，还不会导致传播质量的下降。

（3）允许匿名传播

传统传播方式并不允许传播者匿名传播，但网络传播却具有匿名性的特点，使得从事传播活动者的社会身份几乎不受限制。这使得本来在现实社会中不可能进行沟通的人们得以交流，同时，也实现了现实社会中交流传播的策略计算降到最低。

此外，互联网进一步把传播方式进行细分，使其主题更突出，传播更有效率。同时，网络传播还大大减少了口碑传播的成本，并很大程度上扩大了口碑传播的范围。

伴随着社会的进步，时代的发展，互联网出现为人们之间的口头传播提供了前所未有的空间，同时，还极大程度地加快了信息传播的速度。通过互联网，用户不仅可以轻而易举地获得他人分享的经验，在BBS上发帖与陌生人进行沟通交流，大大改变了传统的交流方式。另外，随着互联网信息的传播范围的扩大，传统的熟人之间传播的模式被打破，信息在陌生人之间不断得到复制、转载，信息传播范围和主体得以空前扩大。这样看来，口碑传播的已经突破了口耳相传的限制，逐渐在速度和效果上实现了惊人的突破。

如今，上网用户数量庞大，其中，超过九成的用户经常发送电子邮件，近八成的网络用户经常上网浏览新闻，而经常使用论坛、BBS、讨论组等的用户超过四成。网络用户非常乐意将网络作为一种人际传播的渠道，而这种活跃的网上人际交流方式也逐渐成为在互联网上进行口碑的营销途径。

（1）网络营销中的口碑传播

互联网的出现打破了传统的面对面口碑传播的重重限制，极大地改变了人与人之间交流和生活方式，而口碑营销也同样因此获得了改变。同时，口碑营销在网络营销中发挥着极其重大的作用。主要改变了互联网用户进行口碑传播的传播渠道和传播方式，进而冲破了传统方式对口碑传播范围的限制，并提高了传播的速度和效果。

（2）借助网络引发口碑传播

有一种说法在营销过程中经常被提及，那就是"极速营销"，它其实是一种将口碑营销思想应用于网络营销的营销手段，更加"网络化"的术语。同时，它还是一种常见的网络口碑营销方式，通常被用于网站推广、品牌推广等传播过程中。其实，这种极速营销方式是利用用户口碑传播的原理，在互联网上进行口碑营销，从而极大程度提升信息传播的速度，因此，极速营销可以说是一种高效的信息传播方式。另外，由于这种传播是用户之间自发形成的，所以，几乎不需要企业使用任何营销手段。

越来越多的国内企业营销人员开始认识到极速营销的巨大威力，因此，不断在各大网站上出现对于该营销方式进行介绍的方案，极速营销真可谓是一举成名。然而，极速营销所获得的显著效果是需要大量艰苦的工作作为基础的，甚至还需要投入巨大的资源，其中，包括对极速营销一般规律的认识、设计和推广方案、高成本的免费服务等。一旦缺乏这些基础，即使是在互联网上，也很难树立起用户的"口碑"。

2.
电子邮件营销，不是发发邮件那么简单

什么是电子邮件营销

采用电子邮件的方式进行口碑传播，指的是企业通过电子邮件向目标用户传递有价值信息，是在事先得到用户允许的前提下开展的一项网络营销手段。其具有三个前提条件：用户的许可、传递信息的电子邮件以及对用户有价值的信息。只有满足以上三个条件，才能实现有效的电子邮件营销。事实上，真正的电子邮件营销就是许可电子邮件营销，或者是"许可营销"。与滥发邮件不同的是，这是基于用户许可才进行的电子邮件营销。相比于传统的推广方式或未经许可的电子邮件营销方式而言，这种形式具有明显的优势，其中包括减少广告对用户的骚扰、能更准确地定位潜在顾客、密切与顾客之间的关系以及提升顾客对品牌的忠诚度等方面。

依据所涉及的用户电子邮件地址资源形式的不同，可将许可电子邮件营销分为内部列表电子邮件营销和外部列表电子邮件营销，亦即内部列表和外部列表。前者正是通常所说的邮件列表，也即是利用网站的注册用户资料开展电子邮件营销，其包括如新闻邮件、会员通讯和电子刊物等常见营销形式，后者则是指利用专业服务商的用户电子邮件地址进行的电子邮件营销活动，亦即以电子邮件广告的形式向服务商的用户传递信息的营销方式。许可电子邮件营销是一种相对独立的网络营销方式，不仅可以与其他网络营销方法相结合，还可以独立运行。

电子邮件营销优势所在

电子邮件营销主要具有以下几种优势：

（1）成本低

相对于传统营销方式，利用电子邮件传播口碑成本更低。在电子邮件营销过程中，企业只需要在互联网上申请一个电子邮箱即可实现信息传播。每一家企业都会采用电子邮件营销的方式进行宣传，因为无论资本雄厚与否，或者是企业规模是否大，只要能接入互联网就能实现电子邮件营销；同时，电子邮件营销与如电话、传真、邮寄、快递等传统的通信方式相比，成本非常低廉，因此广泛受到企业欢迎。

（2）时空限制小

通常情况下，传统媒体的传播方式都会受到来自时空的限制。即便是国家级电视和报纸媒体也不能覆盖所有区域，更何况是地方性的电视、报纸和杂志等媒体，而且，传统媒体的传播具有一定的时效性，并不能持续很长时间。不同的是，电子邮件并不受时间和空间的限制，任何用户都可以通过互联网，不间断地获取企业所传递的信息，企业也无须受到时空限制，可以在任何时间向具有上网条件的目标用户传递信息。

（3）更自由

与传统的直接传播相比，电子邮件传播更自由。如广播、电视等传统广告媒体是直接传播的，带有强迫性，很容易会导致受众处于被动状态，甚至产生强烈的抵触情绪。正是因为在人们看电视或听广播时，广告往往是通过强制方式灌输到消费者的视线和脑海中的，这就使得消费者在接收信息时处于被动和不自愿地位；相反，电子邮件营销则是按需提供信息的，只有在消费者需要时才会进行宣传信息传递，而不会采取强迫的方式让消费者阅读邮件，同时，消费者可根据自己的需求不必受到时空限制获取想要的信息。

（4）更具针对性

传统大众媒体是采用一种广撒网的方式进行信息传播的，这对受众的针对性不强，双方之间所持目的并不能及时达成一致，也就会导致发送与接收的错位。然而，采用电子邮件营销就能克服这一局限，电子邮件更能保证时间、信息和收信人的适当性。并且，企业还可以通过数据挖掘从而细分目标顾客从而进行精细化营销，以实现电子邮件营销的目的。以亚马逊官网为例，当客户感兴趣的图书出版时，就会采用电子邮件的方式告知客户。这样做更使得整个营销活动具有针对性，也更能提高顾客的忠诚度，降低企业宣传成本。

电子邮件营销的缺陷

相比于已经发展成熟的传统营销方式，起步并不久远的电子邮件营销虽然在很多方面表现出十分了得的优势，并使这些优势在短时间内迅速发展成熟，但这种方式本身也存在着一些缺点。例如：

（1）垃圾电邮

很多企业因为营销意识淡薄、电子邮件地址信息错误、不及时更新电子邮件地址以及市场定位不明确等，为消费者发送了很多无价值的商业性电子邮件，给客户留下垃圾信息的印象，这也就损害了电子邮件营销在客户心目中的形象。事实上，大量垃圾邮件的存在严重影响了用户对商家的信心，甚至会产生抗拒心理，还会严重危害到整个电子邮件营销行业的深入发展。

（2）低可信度

报纸、杂志等传统媒体在进行广告信息传播时，是由专门的机构进行操控的。每个人都可以使用电子邮件进行传播，只要有电子邮件账号即可，而传播者的多元化也使得网上虚假信息增多，遍地假新闻、色情信息泛滥、垃圾信息成灾，这就大大降低了网络信息的可信度和网络营销的效果。美国学者托马斯等在《互联网与传统媒介信息可信度比较》一文中指出，互联网为人们发表意见开辟了一个自由且方便的途径，但同时，也可能会削弱那些具有可信度的信息本身的价值。

（3）用户资料缺陷

现实中，往往会出现用于电子邮件营销的用户数据资料更新缓慢的现象。一定程度上，现有的用户信息存在地址、资料信息不全，信息滞后和分类不科学等问题，然而，由于缺乏用户信息库资料，导致企业难以统计分析用户分布和细分消费行为，并导致网络营销个性化、精确化等优势难以得到发挥。通常，很多企业会采用批量发送的方式进行信息传递，根本无法实现营销目的；另一方面，用户在收到这种信息后，很可能会当作垃圾信息清理掉，一旦企业持续给顾客发送相类似的信息，则可能会引起顾客的反感，并与该潜在客户失之交臂。

电子邮件营销的关键

企业在利用电子邮件进行口碑传播时，需要重点注意以下几点：

（1）邮件内容趣味性

好的电子邮件内容要能激发邮件接收者的兴趣，同时，还必须符合企业的营销目的，因此，就要求企业的营销策划不能引起消费者的反感。一旦电子邮件的内容能引起接收者的兴趣，就会在很大程度上提高营销的效果。

（2）创意性标题很重要

如果一个标题有创意的话，会吸引接收者打开邮件，而顾客只有打开了邮件才能看到邮件的内容。可以说，邮件标题影响消费者是否打开邮件，企业也可以通过邮件的打开与否来确定顾客的喜好和兴趣，所以选择一个好的邮件标题很重要。

（3）邮件外观需美貌

企业在设计电子邮件模板的时候，不仅要利用美貌的外观来吸引顾客的注意力，还要符合国际反垃圾邮件组织的设计规则，不要因为违反规定而导致自己进入接收者的垃圾邮箱或邮件营销厂商的黑名单。

（4）精心收集邮箱地址

在很多企业看来，可以通过搜索引擎获得电子邮件地址或是通过购买获得邮箱地址。其实，这样通常很难得到准确的邮箱地址，企业所发的邮件可能会被投进垃圾邮箱，也就很难实现营销目的了，因此，企业可以通过自己的网站搜集到更精准的邮件列表，邮件接收者可以是网站的注册用户、顾客，也可以是企业信息的订阅者。

（5）尊重消费者的意见

企业必须要尊重邮件接收方的意愿。一旦邮件列表出现问题，就不可能实现宣传的目的，只会增加服务器的负担，导致邮件发送更困难，还要结合天时地利和产品的特性，发送电子邮件。不要单纯以为高频率意味着高效率，给收件人留下的印象就越深，过分频繁的邮件只会引起顾客的反感。据研究指出，每个月发送 2~3 封效果更高。

显然，电子邮件营销最大的敌人是垃圾邮件，泛滥成灾的邮件会招来很多用户的厌烦。一项调查指出，超过六成的人表示会直接删除不熟悉、不信任发件人的邮件。垃圾邮件泛滥导致用户直接删掉邮件，大大阻碍了电子邮件营销的效果。

企业应从电子邮件自身设计角度出发，考虑提高邮件阅读率。影响阅读率的因素主要表现为：收件人对发件人熟悉并信任会更倾向于打开邮件，其他依次为邮件主题（正常打开邮件），曾经阅读过有价值的邮件等。虽然邮件主题对打开率具有重大影响，但这并非唯一的决定因素，也不是最重要的因素，最主要的因素是收件人的信任。

电子邮件的阅读率决定电子邮件营销的最终效果好坏，所以，企业要了解用户阅读习惯和购买心理进而影响邮件的阅读率。可以从以下几点出发提高电子邮件阅读率：

（1）得到消费者的许可

有三个基本要素在电子邮件营销定义中一直强调：结合消费者的许可、电子邮件传递信息和有价值的信息来进行信息传播。以上三个要素缺一不可，否则不可能有效地实现电子邮件营销的目的。这两个要素并不难理解，但获取消费者的许可到底指的是什么？为什么能成为最首要的因素呢？

对于垃圾邮件的定义，就是在电子邮箱中经常出现的大量群发的邮件，这些邮件的发送并没有经过接收者的同意。人们对于垃圾邮件不胜其烦，遇到这样的邮件都会选择直接删除，因此，电子邮件营销进行的前提必须是顾客的许可，但并非所有的电子邮箱地址都必须经过与顾客、消费者和潜在顾客的许可。当然，对于那些租用或购买的邮箱地址，企业就要尽可能地确定电子邮件地址，保证邮件发送的针对性，最好经过用户的许可、愿意接受电子邮件。最后，企业要注意，一定要赋予邮件接收者"取消订阅"的权利和机会。

事实上，很多电子邮件营销虽然需要经过用户许可，但却剥夺了顾客"取消订阅"的权利，看起来能帮助企业留住客户，但实际上会招致顾客的反感。近九成的消费者表示，如果是这样的话，就可能不会再浏览该企业的其他电子邮件了，因为在他们看来，这是一种侵犯隐私权的表现。企业在消费者的抵制下，不仅可能会导致整个营销计划破产，更可能间接影响企业声誉，甚至可能对之后的经营活动和营销活动产生负面影响。

（2）邮件主题有意义

电子邮件营销的邮件必须要与普通邮件一样，要有非常明确的主题。事实上，醒目且主题明确的邮件不仅能明显与垃圾邮件区分开来，还能帮助消费者实现了解邮件内容，吸引消费者打开邮件，提高电子邮件的阅读率，所以，企业应将通过下列方式认真设计邮件的主题。

电子邮件主题不能过分简单，也不能过分复杂，但也不能有对于主题字数的严格标准。通常，电子邮件主题应该保持在 8 ~ 20 个字范围内比较合适，既可以将重要的信息表达清楚，又能强调出有价值的信息，因此，企业为了让邮件主题发挥出最佳效果，必须要在保持字数的前提下，测试邮件主题。企业可以先拟订几个不同的电子邮件主题，向用户征求意见，进而选出其中一个最佳主题作为邮件主题。

邮件关键词必须要丰富。据调查指出，近四成的用户在收到邮件后，并不都会立即对邮件内容做出反应，甚至可能需要等到 1 个月后才做出反应。对于这种情况，企业需要让邮件主题含有丰富的关键词，这样做不仅能增强用户的印象，还能增加邮件被顾客检索到的概率。

将邮件内容的精华融入邮件的主题中。很多企业虽然明白这一点，但并不完全了解其中的好处，而在实际操作中就更少有突出表现者了。其实，体现邮件内容精华的邮件主题更能让消费者发现其中的价值，并迅速做出是否打开邮件阅读的决定。

将产品或品牌的独特价值体现于邮件主题中。企业一方面要向消费者展示重要信息，进而提高电子邮件的阅读率；另一方面，即使接收者不阅读邮件，也至少要在其心目中留下一定的印象。

将发件人信息中无法包含的内容包含在内。因为发件人栏仅显示有限信息，很难将详尽的信息包含在内，所以企业为强化邮件接收者对发件人的信任，可以将其他一部分内容加到邮件主题中。特别是在用户对品牌信任程度不高的情况下，这种做法显得尤其重要。

注意区分用户的性别。针对不同性别用户的不同类型的电子邮件对用户的阅读决策不会产生相同效果。如果站在男性用户的角度思考的话，富有吸引力的新闻、信息最能吸引用户注意，而折扣信息对女性用户更具吸引力，所以，企业在进行电子邮件营销的过程中，要注意区分用户的性别，因为这对于邮件阅读率来说极为重要。

（3）发件人具有吸引力

对于用户而言，熟悉且值得信赖的发件人将首先决定其是否打开邮件，因此，企业必须如实填写发件人地址。之所以这么做，是为了防止用户不打开邮件，至少可以在一定程度上起到宣传作用。

对于那些用户订阅的企业信息，一般情况下不会被视为垃圾邮件而丢进垃圾邮件箱。那么，这时，邮件主题将成为决定用户是否打开电子邮件的决定性因素，而一旦发件人未获得用户许可，而是由电子邮箱服务商发送，这时发件人的信息将会影响收件人是否打开邮件。调查显示，超过十分之一的用户通过发送电子邮件来判断发件人，并决定该邮件是否是垃圾邮件。换句话说，如果用户收到的是来自某一知名企业发来的电子邮件时，因为自身的信任或者熟悉感而选择阅读，而很少会将其视为垃圾邮件。

除此之外，企业在填写发件人信息时不能过分追求个性化。现实的营销活动中，很多公司为获得较高阅读率，通常会在发件人一栏上填写千奇百怪的名字，这种标新立异的做法虽然会获得一些点击率，但同样也会引来用户的反感。要注意，企业在填写发件人信息时不能出现乱码。很多企业为方便，直接使用乱码填写发件人信息栏，这就会导致邮件被直接判定为垃圾邮件。

（4）内容方便预览

对于使用 MS Outlook Exepress 等邮件客户端程序接收电子邮件的用户来说，在程序默认的情况下，有一个并不十分大的邮件预览区，如果企业能够充分利用这一区域，就能更好地向用户进行推广；另一方面，用户即使已打开邮件，也不一定会认真阅读全部的内容，尤其是在邮件内容比较复杂的情况下，用户更多会选择一览而过，这时，预览区的内容显得尤其重要。内容预览区中的企业标志、优惠措施和新产品信息等内容更有利于企业迅速向用户传达信息。

（5）确保收件人信息正确性

如果企业能确保电子邮件收件人信息的正确性，能够让用户产生邮件是针对自己而发的，并且要比不留用户信息的效果要好得多，同时，一封令用户感觉与自己有关的电子邮件也为用户带去了企业的关怀。通常，这种个性化的电子邮件能为用户带去亲切感，也有利于企业的声誉。据调查，有超过四分之一的用户对于以用户姓名开头的电子邮件会选择打开阅读，相比于缺少收件人称谓的电子邮件，这种类型的电子邮件更可能受到关注。

3.
博客口碑营销作用大

博客（Blog），又称"WebBlog"、"网络日志"，是通过网络表达个人思想的信息交流平台。其内容按时间排列，并不断更新。在《市场术语》中，作者对其做出了定义，通常由一系列按照日期排列的简短且经常更新的短文构成的网页。博客的内容可以是新闻、日记、照片，也可以是小说、诗歌、散文，但都主要是个人思想的表达。如今，博客逐渐从网络日志转变为集个人思想传播、深度沟通和娱乐休闲为一体的互联网新应用。

什么是博客营销

究其本源，博客营销指的是建立在聚合效应基础上的口碑营销，其主要价值体现在实现点与点之间的联系。在营销中，博客扮演着各种角色，从媒体到消费者，从传播者到受众。利用博客之间的网状联系实现信息扩散，并扩大口碑的效应。同时，博客还有聚合效应，能将有相同爱好或兴趣的人聚在一起形成一个所谓的交际圈。就像是汽车发烧友组成的"汽车圈子"，数码产品发烧友的"数码圈子"，还有"品酒的圈子"等。从营销的角度来看，这就是一种顾客群的划分，能帮助企业更准确地把握信息传播的效果，从而进行口碑营销。

换个角度来看，博客营销就是口碑营销。其实，在企业使用博客营销的过程中，博主起到不可替代的作用。博主通过在博客中记录产品的体验，从而吸引来更多的人参与到产品体验中来并记录在各自的博客上，实现口碑的快速传播。在博客世界中，口碑所带来的并不完全是有利信息，不论是正面的还是负面的，都能以"病毒式"的速度广泛传播。如果企业能将口碑的公信力、员工的真实观点和博客的传播力凝聚到一起，从博客中听取、甄别和采用意见，距离营销成功就不远了。

博客口碑营销的优势所在

综合诸多的网络媒体来看，博客是最能有效保证口碑营销的网络平台。这是因为博客的本质特征刚好符合口碑营销的以下三种要求：

（1）共享性和交互性

博客具有共享性和交互性，能够满足口碑营销要求的互动性。如前文所述，口碑营销鼓励企业与消费者之间的交流互动，并希望营造出信息接收者之间充分自由的信息交换和经验共享的气氛。如门户网站、E-mail等当前流行于网络上的媒体，都是自上而下、单向的交流方式，博客则可以实现读者与作者、作者之间的互动，模糊了读者与作者之间的界限，使二者合二为一，并且，因为博客是一个开放的网络交流平台，所以，也就大大降低了人们进入网络自由发言的门槛，保证了人们能够自由地共享信息、思想、经验和情感等。另外，博客把最珍贵、最有价值的信息呈现在大家面前，可以实现相互之间的交流分享，可以说，博客为信息共享提供了可能性。

（2）专业性和聚合性

博客具有专业性、聚合性的特征，产生了网络中的"参考群体"和"较有影响力的人"这样的人群。其中，较有影响力人群和参考群体是企业开展口碑营销的中坚力量，因为博客具有专业性，可以将拥有同样兴趣爱好或者学历的人汇聚到一起，就共同感兴趣的话题进行深入讨论。而博客也具有聚合性，它能将相似类型的群体通过链接建立起之间的联系，成员之间互相参考，而就在这个过程中主流意见产生了。总之，在博客专业性和聚合性相互作用下，参考群体和较有影响力的人应运而生，并成为了口碑营销的中流砥柱。

（3）即时性

博客具有即时性特点，它可以帮助企业提高口碑营销的有效性。无须高深的网页制作技术，只要保证联网就可以完成个人行为和思想的即时记录，博主也可以随时随地更新页面。因为博客随时更新，并创造了随时阅读博客的习惯，所以，博客的即时性保证了更新内容对读者持久的吸引力，同时，还可以通过信息反馈来弥补之前的问题和不足，增强信息传播的针对性，强化口碑传播的效果。

博客营销的运营方式

在博客营销逐渐成为主流营销方式的同时，企业必须要注意以下几个问题对口碑营销的影响：

（1）企业博客的建立

企业要想通过博客进行口碑营销，首先要做的是选择合适的平台，利用恰当的方式建立便于实施口碑营销的企业博客。而关于官方博客的建立，有三种方式：一种方式是自建，企业在自己的网站上建立博客，有专属域名，拥有独特的页面风格，并在其上发布博客日志；另一种方式是利用第三方博客平台开设博客，不需要注册域名、租用空间和编制网页等；第三种方式是建立附属博客，在某一网站某一个栏目或频道的基础上，建立起自己的博客。现实工作中，企业要结合自身特点和口碑营销受众的行为特征，对建立博客做出恰当的选择。

（2）结合营销行为

为了发挥口碑营销的巨大优势，企业应该把博客与营销行为相结合。第一，企业的目标是通过博客对品牌、形象进行宣传，同时吸引潜在客户的关注。例如耐克公司在 Gawker Media——一个专业的博客网站上做了一项关于"速度艺术"的专题推广，为自己塑造了"追求速度艺术专家"的品牌形象。这项活动的目的很显然就是要先把追求"速度艺术"的理念传递给较有影响力的人，然后再通过这些人形成口碑效应，塑造企业的品牌形象，赢得潜在客户的关注。同时，增强老用户对公司的忠诚度。第二，通过博客促进企业新产品的推广，提升产品知名度。例如，常见的是部分高档彩妆品牌的推广博客汇总，营销目标更明确，其效果也很明显。有或者像奥迪 A3 跑车那样，在美国新车发布会上制造了一个戏剧性的开头：新款奥迪 A3 跑车跑"丢"了。随后，奥迪公司在互联网上发布一系列关于该车的图片和搜索线索，吸引来了近百万名美国博客用户的参与。借助这次博客营销，奥迪 A3 火遍全美。第三，利用博客与消费者实现有效沟通，实现消费者对产品或服务的监测功能。在这方面，亚马逊公司的表现非常出色，它为所有的书籍作者开通了博客，无须自己努力就可以让作者参与到书籍营销的行列中来。同时，通过作者与读者之间的互动，实现更好的在线销售效果，达到更好的口碑效应。

（3）对博客进行有效管理

企业应该对官方博客实施有效的管理。利用专人来管理博客，像对待官网一样经营博客，结合博客独有的形式特点，实现即时更新、维护。其中，更重要的是，通过有效管理博客，实现企业对危机的防范和杜绝。另外，伴随着博客影响力的增强，不仅要肯定网络在口碑营销中的巨大作用，还要防止网络所带来的种种危机。因为，博客用户自主产生新闻的机制将会增加企业及其产品曝光的机会。也即是说，企业必须控制好博客可能为其带来的危机，否则将可能导致自身营销策略的失败。

4.
微博口碑营销，人人都是营销专家

在这个信息爆炸的时代，每个人都是信息的受众，也是信息的传播者。无论你接受与否，都不能否认，微博已经成为很多人生活的一部分。无论年龄、知识水平以及社会地位如何，每个人都可以在微博上传递信息，也可以在微博上表达观点意见。有人的地方就有信息，有信息的地方就会存在一个隐形的有影响力的人，在微博上就是微博红人。当然，那些一直关注市场动态的优秀营销人员以及企业家们，都开始顺应时代的潮流，利用微博实现口碑营销目的。

微博口碑营销，即是通过在微博上进行口碑传播，培养有影响力的人，从而在交流过程中将企业的产品、口碑和文化灌输给受众，从而实现口碑效应的一种方式。当然，微博营销这一口碑传播方式并不罕见，也不乏成功案例。其中，新浪微博就是个中的佼佼者。

新浪微博："微博快跑"——动起来的口碑

2010年8月28日，新浪微博正值创办一周年之际，举办了一场名为"微博快跑"绕城活动。在活动中，将会看到十辆造型各异的MINI微博车队，载着特色礼物和8名网上征集的微博用户在北京城绕行。该活动路线涵盖从中关村到北京的大街小巷，途经五道口、鸟巢、朝阳公园等北京地标性场所，向每一位路人传递了将微博"随时随地分享"的精神。该活动是新浪为庆祝微博开通一周年而组织的，是国内微博产品首次大规模从线上延伸到线下的活动。也正是这次活动使得新浪充分利用微博创新的特点，大胆突破常规从而造就大事件，从而引起传播效应。

从 8 月 20 日开始，"微博快跑"官方微博就被公布并通过话题讨论、悬念设置、礼品激励等形式为活动预热。直至活动当天，车队每到一站都会组织车内、现场和线上的网友进行互动，引发各大媒体的高度关注和竞相报道。即使活动已经结束了三天，百度搜索的"微博快跑"仍旧有 71 万条相关搜索结果。"微博快跑"的信息通过这种极速传播方式，瞬间传遍了全网络，获得了用户的普遍好感和信任。从某种意义上来说，这不只是一场成功的庆生秀，也是一次结合微博、口碑和公关活动为一体的营销活动。

事实上，2006 年 Twitter 在美国出现，相比之下，微博真正进入中国人民的生活中也不过几年时间，虽然有许多中国微博先驱者先后进行了不懈探索，但直至 2009 年 8 月新浪微博正式开通，中国才迎来了微博的时代。通过沿用博客推广的成功经验，新浪微博在短时间内就迅速火遍全国，成为年轻人，甚至部分中老年人进行交流的主要 SNS 平台。

同时，新浪微博作为国内最早由门户网站推出的微博，也因此成为了国内微博界的领军人。据《中国微博元年市场白皮书》数据指出，随着用户数的不断增长，每天都会有海量信息在新浪微博上产生并传播，仅 2010 年 7 月，新浪微博产生的总微博数超过 9000 万，日均微博数量就超过 300 万，平均每秒都会有近 40 条微博出现。

微博口碑营销方式

当然，想要实现微博口碑营销的真正功效，并没有那么容易。我们可以通过以下几种方式来实现：

第一，微博口碑营销的初级方式：通过促销活动发起和传播宣传信息，树立口碑。例如，通过微博账户发起 @ 多少位好友进行抽大奖之类的活动，以此实现信息的传播。由于这种方式经常被当下很多企业普遍采用，虽然起到了一定的效果，但也正因为被普遍使用而造成公信力和吸引力下降，最终的效果并不理想。

第二，微博口碑营销中级方式：主要是通过微博事件的发起，并以此进行传播。例如，著名的微博营销账号"随手拍解救大龄女青年"就是一个非常经典的微博事件案例。在短短数天内，该微博引来数百万微博网友关注，并受到全国数十家卫视、报纸和杂志的采访。试想一下，如果将其利用于百合网或者世纪佳缘宣传上，将会产生超过 200 万的价值。然而，因为这种营销方式本身需要很高的事件和话题策划水平，并且因为劲爆话题随机性的特点，也即意味着其具有一定的时效性。

第三，微博口碑营销的高级方式：这是指将网站用户体验和微博的深入结合，实现战略层面的传播。当然，这也就需要对网站做一定程度的改造，包括对微博用户的注册登录、内容转发等方式的改造。因此，这就需要微博的应用程序与之配合，从而实现微博用户体验与传播之间的配合。譬如：网站会在授权注册页面、产品界面等方面设置有相应的分享选项，并自动与各个关联账号链接并分享内容。并且，这种分享方式主要基于微博用户自身的自愿选择，也就能在更大范围内宣传企业的产品、文化及用户口碑。然而，这种方式也存在一定的缺陷，如它虽然具有很高的转换率，但投入较大，并不适合小型的推广活动，因此，对于中小型企业而言最好将前两种方式结合起来进行宣传。

此外，还有一些如微博红人转发、草根微博评论转发等一些基本的方式，都是快速提高粉丝量的方法，但无论如何，最重要的仍旧是做好企业产品、服务的定位，瞄准用户群有的放矢地进行微博口碑营销。对于企业而言，微博口碑营销的最终目的都是为了获取更大利益，并实现最大范围的宣传。

5.
微信口碑营销，途径更加多样化

微信是一种新型的信息传播途径，微信用户之间仅需要通过智能手机以及网络就能实现文字、图像、视频、语音等的传递，信息传递快捷方便，且成本低廉。这也为口碑营销创意者提供了一个新的信息传播方式，也为口碑营销带来了新的机遇。

然而，与微博口碑营销等网络营销方式不同的是，微信口碑营销的途径更多样化，且针对性更明显。其中，主要包括几种具代表性的方式：

漂流瓶：是指将信息放进漂流瓶中，用户主动捞起即可获得。这种方法简单、方便，但针对性并不强，而且极可能会因为自身知名度不够而引起用户对品牌和产品的厌恶。并且，用户每天捞取漂流瓶的机会仅有20次，很难实现预设的口碑营销目的。当然，这种方式也并非一无是处，对于部分拥有较大知名度的电商、品牌商家或者知名企业而言，其可以通过漂流瓶推广的方式来扩大自身影响力，进而传播口碑。

设置签名：是指在签名档上放广告或促销信息，就可以被周围搜索用户发现。通常情况下，这种方式能让周围用户获取有效信息，并具有较高的转化率。然而，这种方式也会受到签名29个字符的限制，并且其覆盖范围并不大，传播成效不显著，因此，只有经常刷新附近的人或摇一摇，才能达到传播签名上广告信息的目的。通常，这种方式会被应用于出租车、快餐店、快消品商家等的口碑宣传营销过程中。

二维码：是指用户通过扫描二维码的方式，添加好友、实现互动的方式。这种方式所吸引的主要是产品或品牌的忠实用户，且更能吸引用户对自身产品进行消费，因此具有更强的针对性。但这也就表示，只有用户主动扫描才能将口碑传播出去，也就是说商家具有一定的被动性。这种方式主要适用于与用户紧密关联的产品宣传中，例如电商、个体户、品牌商等。

开放平台：是指商家把网站内容分享到微信上，或将微信内容分享到网站上的一种传播方式。通过这种方式，商家可以在一定程度上，加深与用户之间的联系，并能更好地宣传口碑。同时，这种方式针对的用户有限，范围受到用户群的限制，因此，这种方式适用于任何口碑营销。

朋友圈：是指通过手机应用、PC客户端、网站将图文信息及其链接迅速分享到朋友圈中，是一种私密社交的方式。这种交流更表现出封闭性的特点，因此，能够更快更好地实现口碑效应。但活动的开展也会相应困难，这种方式主要适用于对特定受众群体进行口碑营销。

公众平台：是指通过微信认证账号、品牌主页进行营销，是一种推送信息渠道。这种方式的主要受众是该账号的粉丝，因此更容易将信息传递出去。但因为每位用户所关注的品牌不少，也就是说，会受到很多品牌的推送信息，这也就导致这一品牌的信息很容易被用户厌烦，因此，这种方式主要适用于公众人物进行口碑推广。

事实上，有很多企业在不断尝试这一创新的营销方式，其中不乏很多成功案例，如招商银行的"爱心漂流瓶"活动、创业影院的"线下活动微信签到有礼"、北京朝阳大悦城"微生活会员卡"等，在微信互动的同时，吸引用户的关注及支持。这些都为企业带来了良好的借鉴经验和启迪，促使企业不断改进自己的口碑营销方式，以达到最佳的宣传效果。

此外，企业在进行微信营销的过程中还要注意以下几点：

第一，必须要有明确的目标。企业通过微信传递信息，进行口碑营销的时候，必须要有一个明确的目标，否则将会变成无头苍蝇，只会无功而返。如：利用微信向用户传递促销信息，是为了让用户能够成为信息的传播者。针对适合的目标用户进行适合的营销，将会减少企业的开支，具有事半功倍的效果，因此，企业只有具有明确的目标，才能保证传播内容的针对性。

第二，企业还必须明确微信推送的信息和时间。微信的内容是明确用户是否会阅读，是否会感兴趣的关键所在，企业必须要保证其所推送的内容让消费者不产生厌恶情绪。另外，时间也是一个重要的影响因素，例如过于频繁的信息将会引起收信人的反感，因此，对于企业而言，必须要准确把握好推送的信息内容，可以推送一些问候语等，并且还要注意质量和数量的控制，否则只会适得其反，招致用户的厌烦。

第三，企业必须要注意对用户发送信息的引导。例如拨打移动客服10086，常常会听到"充值请按1，查询当月消费请按2……"这样的话，这就是对客户的引导。通过这种方式，可以更有效快捷地完成交易或者服务，实现有效沟通交流，同时，还能为客户和商家自己节省时间。这样一来，良好的口碑的建立自然也就不会远了。

第四，企业需要及时查阅并回复用户发送的信息。因为现实运行过程中，企业获取来自用户的信息会越来越多，如果一一回复并不太可能，也不科学，所以，企业可以设置关键词，可以根据关键词批量回复，这样既可以为企业节省时间，也能让用户得到较为满意的答复。当然，这种方法并不能让企业一劳永逸——企业必须要定期更新回复内容，不要让消费者感觉到企业的敷衍和漠然，一旦用户多次受到同样的答复，其后果也就不言而喻了。

总而言之，企业必须将以上几种方式巧妙结合、灵活运用，并结合上述注意事项，进而赢得消费者的认可和肯定，将良好的口碑传播出去。

6.
其他网络口碑营销工具

除了以上口碑传播的方式外，企业还可以运用其他网络工具进行口碑传播，例如以下几种：

资源下载传播口碑

关于这种方式，企业可以向消费者提供一些网络资源，以实现口碑的传播，其中，免费、娱乐和工具三类资源可以用于这种口碑传播。

（1）免费类网络资源

免费资源在任何时候都会引起人们的关注和主动的传播，例如免费邮箱、空间、域名、软件等，一般都是试用产品或者其他收费产品的赠品。免费产品在口碑营销中，起到吸引关注、鼓励参与的作用。现在，网络口碑营销的普遍做法就是提供免费电子书，然后在免费电子书的页眉中附加商业信息。这样，网民在阅读时，在不影响阅读的条件下，可能会不经意间接触到商业信息。电子书不仅方便客户长久保存，还方便分享。

（2）娱乐类网络资源

生活离不开娱乐，娱乐是人们共同的生活元素。试想一下，你在 QQ 群中转载最多的是什么样的内容？极可能是各类笑话、俚语等。娱乐信息是少有的，能引起客户兴趣的一种信息，因此，企业可将商业信息与娱乐信息相融合，或者在娱乐化的传播场景中进行口碑传播，使得传播效果更加显著，并且，随着网络视频的兴起，娱乐的内容将会以一种更加立体化的方式展现，而娱乐类视频也更具直观性，更容易在短时间内创造轰动效应。另外，网络的出现造成视频制作和创作的门槛降低，更有利于企业口碑的传播。

（3）工具资源类网络资源

主要是指各类便民服务信息。针对这些日常信息，企业可以向顾客提供常用的网络工具或查询服务，如公交查询、电话查询和天气查询等服务，同时在论坛、博客等上同步更新这些实用的查询链接，既方便客户查询，还能创造产品或服务的口碑。

通过提供邀请、推荐和祝福传播口碑

关于邀请类口碑营销，其始创者正是 Google 的 Gmail，Gmail 邮箱并不接受公开注册，它需要现有用户的邀请才能注册。正是由于产品的稀缺性才吸引来了潜在消费者的好奇心，也就激发了邀请口碑营销的发挥。并且，邀请还能让那些有共同兴趣爱好的用户组成一个"圈子"，方便其在内部相互交流信息，更方便企业做口碑推广。

另外，推荐类口碑营销也是一种很常见的口碑营销方式。例如提供图书资助出版的书谷网在最初的推广中，采用的就是这种营销方式。用户只需要向三位好友推荐书谷网就可免费获得一本赠书，通过朋友间的推荐，企业也就能更有效地进行宣传。

此外，祝福传播也十分常见。每逢节日到来的时候，祝福类信息就成了网民们关注的焦点，并促成了巨大的检索量，而其最主要的扩散渠道是 QQ 群、论坛和博客。因为祝福类信息包含特殊的纪念意义，所以也最容易引起网民的共鸣。祝福营销关键在于将商业信息融入祝福活动中，方便客户转载或参与其中，例如，百事可乐联合网易在 2006 年春节前夕开展的一项主题为"百事祝福传千里，齐心共创新纪录"的活动。网易利用邮件向其用户通知这一活动，网易邮箱用户只要填写相应内容即可自动生成一个有百事字样的彩色祝福邮件，并根据用户指定发送到目标邮箱。对于那些发送一定数量的祝福邮件，还会给予一定奖励。借助这次活动，两家公司不仅扩大了自身的知名度，还稳定了原来的客户群。在该活动中，口碑营销的传播原动力是"送祝福、创纪录"，传播途径就是电子邮件。

第十三章

电商营销
——在新浪潮中站稳脚跟

近年来，电子商务发展之快，有目共睹。无论是传统行业领军品牌的纷纷"触网"，还是电商独立品牌的强势登陆，商企大鳄无一不被卷入这股势不可当的新浪潮之中。竞争惨烈，不可避免，唯有突围，方有胜算！

1.
建立网店信誉，信誉是商家的外在形象

信誉是消费者对一个品牌的信任度和评价，主要来自商品和服务。同样，只有建立起一间有信誉的网店，才能获得买家的青睐。其中，商品质量、服务、包装、售后等信誉，一个都不能少。只有保证网店的信誉，才能维持顾客的忠诚度，成为网店中的赢家。

（1）如何建立网店信誉

优质的产品和服务

优质的商品和服务，是网店信誉的基础，也是网店要长期贯彻的宗旨。只有这样，才能在买家的心目中建立起良好的信誉，获得买家的信任。

合作信誉

除了对买家履行信誉以外，对供应商、合作伙伴等，都应该保持良好的信誉，有利于树立品牌效应。

履行社会责任

有些企业会将每一笔交易中的一部分资金，用来捐献给公益事业，这是履行社会责任的体现。买家会觉得在这样的店铺中购买商品，自己也参与到公益事业中，也就更愿意到该店铺购买商品。

（2）信誉的作用

促进销售

店铺的信誉可以给买家留下深刻的印象，在购买商品时，大部分买家都喜欢选择信誉高的店铺。店铺的信誉越高，越容易激发买家的购买欲望。

树立店铺品牌

在网络中购物，买家无法先尝试再购买，这时，店铺的信誉就成为了主要的参考因素之一。店铺的信誉越高，买家就会越放心购买，久而久之，店铺将在买家中间树立成品牌，获得买家的认可。

2. 确定营销的目标人群

网店的成功运营不能坐等顾客上门，而要主动出击，制定一些吸引顾客上门并成交的策略。然而，在制定策略时一定不能盲目，有些网店卖家进行了很长时间的宣传推广，也没有实现顾客盈门的效果，这时，卖家就需要考虑自己销售的商品主要针对哪些人群，制定的销售政策是否合理，并及时对不合理的地方做出调整。

（1）确定目标人群

网店卖家一定不要单纯根据销售的商品就对目标人群进行定位。例如有些韩版女装，并不是所有的买家都是年轻女性，许多中年女性也喜欢选择这样的服装。在确定目标人群时，可以将成交记录作为分析数据，在沟通时多了解一下买家的年龄段和职业特点，为定位目标人群提供有力依据。

在制定宣传策略时，不要奢望将所有顾客"一把抓"，而是要准确找出主要的顾客群体，针对这一部分顾客制定销售策略。选对了目标人群，宣传的效果自然就会提高。

（2）针对性推广

明确了目标人群之后，就可以有针对性地制定营销策略，这部分内容一定不要空想，既要便于操作，又要真正能够招徕顾客上门。

例如针对学生买家，可以采取一定的优惠和折扣；针对白领买家，在优惠的同时，还要适当体现出商品的品质；对于具有一定经济实力的买家，优惠并不是最好的选择，而是要额外附赠一些具有品质感的附加商品和服务。

只有准确抓住买家的定位和心理，才能取到良好的推广效果。

（3）具备执行力

准确定位目标群体，制定了合理的营销策略之后，就要即刻动手开始执行。这是考验卖家执行力的时刻，一定要秉持着认真的态度做事，否则，即使是同样的营销策略，你取得的效果也可能不如别人。

一旦方案制订完成，就要按照方案中的内容执行，如果营销策略在不断地改变，反而会给买家造成迷茫的感觉，不知道怎样才能符合营销策略，也会不利于营销策略的执行。

当活动结束之后，要及时针对活动的效果和中途出现的问题进行总结，为下一次推广积累经验，力求使之后的推广起到更好的效果。

3.
多渠道发布商品信息

在之前的章节中，我们讲过利用其他网络平台对商品进行推广，但这样的推广方式主要以软性宣传为主，需要一个长时期的培养过程，才能见到效果。在软性推广的同时，不妨同时尝试在更多的渠道发布商品信息，有些渠道虽然要收取一定费用，但回报往往远远大于支出，既宣传了店铺，又获得了利润。

不过，在选择收费渠道时，一定不要盲目，不仅要考虑该渠道的受众群体、关注度，还要考虑该渠道是否专业、可靠；否则白白花了钱，见不到预期的成效，未免得不偿失。

以下几种商品发布渠道，可以为网店卖家们作为参考。

（1）发布广告

在发布商品的多种渠道中，广告的影响力相对较大，不仅对商品和品牌具有传播作用，还可以对商品进行个性化的展示，同时体现商品的促销活动等内容，对买家构成一定的吸引力。

可以将商品以图片的形式，在媒体平台上进行大量展示，尤其是对于那些想要做品牌推广的网店来说，是不错的选择。因为主要以图片的方式进行宣传，对图片像素质量的要求比较高。

广告宣传是一种"广泛撒网"的宣传方式，虽然无法针对指定的目标群体进行发布，但因为覆盖的受众面足够广泛，自然也就能够吸引到一批目标顾客。

淘宝的广告方式主要有两种，一种是以天为单位进行付费，另一种是按千次展示来进行付费。广告的页面可以通过淘宝首页、阿里旺旺聊天框、阿里旺旺每日焦点等方式进行展示，只要是打开淘宝的用户，都有机会看到。

（2）加入淘宝直通车

淘宝直通车的优势，就是可以更加精准地对商品进行发布和推广，不仅可以增加商品的曝光量，还可以更精准地让目标顾客看到商品，从而吸引买家进入店铺。

在第一次加入淘宝直通车时，需要预存一定的费用，供未来推广时使用。淘宝直通车的费用并不固定，卖家可以自由出价，给出的价格决定商品的排位，买家在点击之后，按照卖家给出的价格进行收费。

淘宝直通车的推广方式，分为搜索推广和定向推广两种。

搜索推广

加入淘宝直通车，可以为商品设置一个关键词，通过关键词的点击数进行收费，淘宝直通车会通过这个关键词，精确地找出目标顾客。

通过淘宝网关键词搜索页面、类目搜索页面、淘宝搜索页面、热卖宝贝搜索页面的任何一种方式，只要买家在搜索商品时输入这个关键词，加入淘宝直通车的商品就会出现在专门的展位。只有在买家点击之后才会收取费用，否则不会收费。

定向推广

淘宝直通车会利用多维人群定向技术，对买家的浏览路径和兴趣需求进行分析，建立起庞大的数据库，帮用户更加直接地锁定目标顾客，将需要展示的商品信息呈现在顾客浏览的网页上。

（3）钻石展位发布

这也是一种通过竞价对商品和店铺进行推广的方式。加入钻石展位的商品可以展示在淘宝首页、我的淘宝、各频道焦点图和通栏等位置，以及一些外部合作网站之中。

钻石展位的商品拥有比其他商品更大、更绚丽的展现效果，展现时间、位置、费用可以进行自由组合，如果不展现，将不会收取费用。可以说这是一种性价比非常高的商品发布方式，花很少的钱，收到最大的广告效果。

（4）加入超级卖霸

卖家可以参与淘宝推出的各种活动专题，根据不同价格，购买不同的广告展示位。总的来说，价格比广告的价格低。

（5）参加淘宝促销活动

淘宝会不定期举行各种各样的促销活动，卖家可以根据活动的内容进行选择。只要在活动列表中选择想要参加的活动，进行报名，通过淘宝的审核之后，即可参加。

4.
维护客户资源，将新客户发展为老客户

每一位顾客都是网店的宝贵资源，大量的新顾客成交可以为店铺带来利润，而老顾客的重复购买，有利于为店铺树立口碑。

在网上交易，买卖双方无法面对面地交流，因此，除了要对每一位顾客表现出足够的重视之外，还要学会一些留住顾客的技巧。

售前服务吸引新顾客

我们已经了解了多种发布和推广商品的渠道，当顾客被吸引上门时，卖家需要花费更多的心思，把顾客留住。良好的售前服务就成为了留住顾客的关键环节。

（1）客观介绍商品

在买家选购商品时，应该适当询问买家的喜好和用途，进行合理推荐。关于商品的一些缺点，不要完全隐瞒，可以开诚布公地告诉买家，这些都是为了避免交易完成之后，引起买家的抱怨和投诉，这也会给买家留下坦诚的好印象。

（2）打消买家疑虑

在决定购买某件商品之前，买家的心中对商品都有着诸多疑虑，例如质量好不好、售后服务是否完善，等等。当买家犹豫不决时，卖家应该主动询问买家都有哪些疑虑，逐一进行解答，将疑虑打消，否则，交易很难成功。

（3）真诚服务

经商时最重要的一点就是要有诚心与耐心。因为网店每天会迎来大量的各种各样的顾客，不同的顾客会提出或相同或不同的问题，反复回答相同的问题，很容易让人丧失耐心，这是经商的大忌。一定要把这当作与买家进行交流的机会来珍惜，用真诚和耐心的回答来打动买家。

在解答买家关于商品的疑问时，应该尽量通俗易懂。当买家进店时，卖家不要抱着买家一定会购买的想法，也许对方只是询问一下，与其他的店面做对比，因此，卖家的心态一定要平和。

对于买家提出的要求，只要不是无理要求，卖家应该尽量满足；即使无法满足，也要耐心地解释理由，不要意气用事，惹恼买家，反而会留下服务态度不好的口碑。

不要为了获得利润，极力向买家推荐他不需要的东西；要让买家感觉到你是在为他着想，用真诚的态度赢得一个买家的信任。

（4）巧妙应对不同顾客

不同买家对商品的要求不同，因此，卖家在销售商品时，也应该学会了解买家的性格，针对不同性格，采取不同的销售策略。

有些买家因为性格比较自信，在购买商品时也会非常爽快。但是这种性格的买家不喜欢别人过多干预自己的决定，卖家在销售时不要盲目推荐，应该多听听买家的想法，对于他们的选择要给予足够的肯定。

有些买家个性比较随和，不善于拒绝，所以，卖家在耐心交流的同时，可以主动进行推荐，巧妙地说服。

有些买家在购买商品时比较犹豫，很难下决心是否购买，也不知该选择哪一款商品，此时，卖家应该强调商品的特性，给出买家选择某一款商品的理由，说服买家购买。

在网店经营中，最常见的是喜欢砍价的买家。似乎每一款商品他们都会嫌贵，卖家应该抓住他们的心态，在语言中让买家感觉真正占到了便宜。

如果遇到比较精明的买家，不要急于让他们做出购买的决定，而应该通过沟通，赢得对方的信任。

有些买家的性子比较急，不喜欢与卖家进行过多沟通。这时卖家就不要过多地对商品进行介绍，只简洁扼要地说明优势即可；对于慢性子的买家，则要花费更多的耐心，只有耐心地回答他们的每一个问题，才会有可能实现交易。

在所有买家的类型中，挑剔型的买家比较难以沟通，因为他们对任何事都抱着怀疑的态度，因此只能凭借耐心取胜。

售后服务留住老顾客

对于那些曾经进行过交易的老顾客，卖家应该更多地体现出对他们的关心，时常保持沟通，做好售后服务，既维护住了顾客，又树立了店铺的口碑。

（1）及时联系

卖家应该抱着真诚为客户服务的心态，即使交易已经结束，也要主动联系买家是否已经收到商品，对商品是否满意，询问买家自己的服务还有哪些不足的地方需要改进。如果买家对一切都很满意，自然会给出好评，即使真的有不满意的地方，因为是卖家主动询问，买家也会心平气和地解决问题。

（2）跟踪物流

商品发货之后，卖家应随时跟踪物流的动向。一旦发生错发或错寄的事件，可以做到及时解释，及时解决，避免买家受到损失。

（3）如实评价

买家同样在乎自己的信用等级，在交易完成之后，卖家应该如实地对买家做出评价，这也是对买家购买行为的肯定。

（4）妥善处理退换货

无论买家因为任何理由需要退换货，都要在第一时间内给予回复。不要迟疑，更不要拒绝，因为退换货的顺畅，也证明着卖家服务的专业与可信，也会促使买家成为网店的忠实客户。

（5）快速处理投诉

顾客的投诉并不一定是坏事，这会反映出卖家的商品和服务上的不足之处，让卖家不断改进。面对顾客的投诉，首先应该耐心倾听，承认错误，适当补救，如果处理得当，不仅不会丧失掉顾客，甚至可以维护与顾客之间的关系。

（6）保留顾客资料

在即将到来的大数据时代中，顾客资料成为一家网店最宝贵的财富。妥善保管顾客的资料，不仅可以据这些资料准确定位目标群体，还可以根据资料中显示的买家喜好，选择进货的种类。当网店开展活动时，还可以通过资料中的联系方式，及时通知顾客进店参与。

（7）定期联系买家

可以将每一位顾客都当作自己的朋友，在节日时发去一个简短的问候，让顾客觉得温暖，可以增进彼此的情感，也可以发送一些新品和优惠的信息，让顾客随时掌握店铺的动态，促进销售。

5.
促销，必不可少的电商营销策略

网店卖家向潜在顾客传递有关店铺和商品的各种信息，吸引买家购买其商品的行为，即为促销。促销的目的是为了扩大销量，其实也是一种通过沟通的方式进行宣传的手段。

卖家向买家发出各种刺激其消费的信息，在通过买家辐射到他周边的人群，对更大的潜在顾客群体产生影响，从而对自己的店铺进行宣传。

促销的方法：

（1）反时令促销法

一般来讲，消费者都是按照时令购买季节性商品，比如冬天买羽绒服，夏天买电风扇，一旦过了季节，这些商品的销售期便进入了淡季。如果在淡季对这些商品进行打折促销，有时会收到意想不到的效果，甚至可以看到羽绒服在夏季大卖的场面。

（2）独次促销法

这种促销方式是抓住顾客"物以稀为贵"的心理，无论多么畅销的商品，只进一次货，一旦销售完毕，就再也不会出售。这样的方式会给顾客造成机不可失、时不再来的想法，在决定购买时也会毫不犹豫。

（3）翻耕促销法

这种促销方式需要卖家有完善的售后服务系统，根据顾客的购买记录，以及姓名和地址，对顾客进行回访，比如询问商品是否需要修理，对商品和店铺的服务是否满意，对店铺及商品有什么更高的要求等。通过完善的售后服务换取顾客的好感，从而产生再次购买的行为。

（4）轮番降价促销法

在店铺中分阶段、批次地销售一些特价商品，并且以醒目的方式宣传出去。特价商品的种类不需要太多，三四种即可，用低价吸引顾客进店消费，从而带动其他商品的销售。

（5）每日低价促销法

每天都在店铺中推出特价商品，吸引买家光顾。这样做的好处是可以不断给顾客带来新鲜感，顾客甚至可能形成每天进店看一看的习惯，看看又推出了哪些自己需要的特价商品，不断对顾客形成吸引力。

（6）最高价促销法

这是一种"反其道而行之"的促销方法。不打低价牌，反而宣称自己是同类商品中的最高价。虽然可能会引起买家短时间之内的惊诧，但绝对会吸引一部分的眼球，反而给人一种商品质量值得信赖的感觉。对于高收入的买家群体来说，这样的商品可以满足身份与地位的需要。

（7）对比促销法

将当季最流行的高价商品与换季打折促销的低价商品摆在一起销售，用巨大的差价吸引买家的注意力。这样可以同时抓住两类顾客的心理，追求时髦的顾客在进行对比之后，会发现当季的商品与过季商品相比，更加流行，因此也就忽略了相对较高的价格；追求实惠的顾客在对比之后会觉得过季的商品更加实惠，因此，可以起到一箭双雕的促销作用。

（8）拍卖式促销法

拍卖的形式足够新鲜，可以勾起买家的参与兴致。只要为商品定下一个起拍价，由买家参与竞拍，在规定的时间之内，出价最高的人即可购买到该商品。这样出售的商品大多数能卖出高于零售价的价格，不过，拍卖的形式不适合经常搞，否则就会失去新鲜感。

总之，随着网店的不断增多，买家的挑选余地也变得更大，因此网店卖家与买家之间的沟通也变得更加重要。通过促销的方式不仅能为店面起到宣传作用，也可以让买家加深对店铺和商品的认识。

通过一些适当的刺激手段，在一段时间之内调动买家的购买热情，也能让消费者愿意花钱来购买你的商品，可以说，促销是网店在经营过程中进行宣传的一把利剑。还有一种更为直观的促销策略，就是价格上的优惠。表面看上去，折扣与优惠可能会让单个商品的利润减少，但却可以刺激更多的买家购买，提升商品的销售总量，利润自然也会实现增长。

优惠的方式多种多样，许多网店卖家不知如何制定优惠促销的策略，以下是几种比较适合网店的方式，可供卖家参考。

（1）满就送

这种促销方式的涵盖面比较广，只要买满一定金额或数量，或者只要购买任意商品，就可以获得赠送的机会。赠送的内容多种多样，可以是礼品，也可以是现金、积分，或赠送包邮等。

这种促销方式可以提升店铺的浏览量，同时提升成交率，通过"满就送"的方式，提升店铺的整体交易额和利润。

（2）限时打折

限时打折，是在一定期限之内，将某些种类，或者某些数量的商品，以低于市场价格的价格进行销售，从而吸引买家购买。如果卖家采用这种促销方式，买家在搜索商品时，只要同时搜索"限时打折"，即可搜索到参加活动的商品。

（3）搭配套餐

搭配套餐，是将几种商品组合在一起，以套餐的形式进行销售。买家只要完成一笔交易，即可同时销售出多件商品，提升网店的业绩。

（4）店铺优惠券

店铺优惠券是一种虚拟的现金券，可以在买家购买商品之后进行赠送，吸引买家再次购买。可以在"满就送"的促销方式中，将赠品设置为"店铺优惠券"。

店铺优惠券的使用方式有多种，可以是消费即可使用，也可以针对某一款或某一类商品，也可以消费满一定金额才可以使用。

每种促销方式都不能长期使用，时间长了，会丧失对买家的吸引力。一般来讲，短期的促销活动时常最好不要超过一周，1～3天是一个比较合理的期限；中期促销活动最好持续在半个月到一个月之间；如果是打算长期进行的促销活动，最好是在参与活动的人员上进行限制。例如只针对会员，或只针对 VIP 会员。

6.
包邮及赠送礼品的策略

包邮的优势

许多买家在购物时，都会与卖家商量是否可以包邮。因为已经支付了购买商品的价格，再支付少则几元，多则二十几元的邮费，会让买家有多花了钱的感觉。有时候，邮费的价格甚至超出了商品本身的价格，更加让买家望而却步。

因此，卖家可以根据买家购买商品的数量，或商品本身的利润，来适当地减免一部分邮费，或者包邮。

目前网络购物选择的常见物流方式包括邮局平邮、快递、物流、特快专递等。平邮的价格虽然便宜，但速度较慢；特快专递的速度快，但费用高；物流运送无论是费用和时间都不占优势。因此，包邮的最佳方式为快递。

包邮的好处是不仅让买家觉得免去了附加费用，比在商场中购物更加划算，有时候，是否包邮，甚至影响着买家是否在你的网店中购物。

赠送小礼物的优势

如果买家在收到购买的商品时，还能收到一些由卖家赠送的额外的小礼物，会产生惊喜的心理，也能够增加对该网店的好感。

赠送的礼物可以是额外购买的小礼品，也可以是店内其他的商品或试用装，用赠送礼品的方式，可以给买家一种获得了优惠的感觉。

虽然赠送礼物不如打折优惠来得直接，但取得的效果却同样很好。因为赠送的商品是看得见、摸得着的，可以让买家长时间使用，在使用的过程中，买家会不断增加对该店铺的品牌印象。

如果赠送的是店内其他的商品或试用装，也是在无形中对该款商品进行宣传，如果买家觉得使用效果不错，也会专门购买该商品。

7.
建立良好的客服群

客服的服务态度代表了一个店铺的品质，也决定着交易是否能够顺利达成。当出现纠纷时，客服处理问题的态度与方式，直接影响着店铺的信誉等级，因此，无论是卖家亲自担任客服，还是聘请客服工作人员，都要牢记以下几点法则。

（1）保持微笑

微笑是良好的服务态度的最直观体现。虽然在网络中交流看不到对方的表情，但可以通过表情图片进行解决。当顾客上门时，第一时间发送出笑脸的表情符号，配合"××店铺欢迎光临"的字样，让买家感受到自己被重视；当顾客离店时，不要忘记发送"感谢您的光临"等字样，无论这一次是否购买，都会给买家留下良好的印象。

（2）顾客永远是对的

对于买家提出的任何一个问题，都不要当作刁难，一定要给出最合理的解答，或根据顾客的要求，给出最适合的推荐。如果买家对商品不满意，无论问题是出在店铺本身，还是物流环节，都要给出一个积极的反应，让买家在心理上获得满足。

（3）使用礼貌用语

"顾客就是上帝"，在与买家进行沟通时，一定要注意使用礼貌用语，例如："欢迎光临，请问有什么可以帮到您？"用亲切的话语换来买家的好感，即使买家只是随便进来逛逛，当下次需要购买商品时，也会因为你的礼貌选择你的店铺。

（4）诚实守信

网络上的交易是看不见摸不到的，因此更多的时候是凭借交易双方的信任。在介绍商品时，不要夸大商品的实际内容，对于商品的一些缺陷或不足之处，也应该坦诚相告。买家并不一定会因为这些小缺陷而放弃购买商品，反而会加深对店铺的信任。

（5）留有余地

在与买家沟通时，不要给出一些过于肯定的语言，例如卖家无法保证一款化妆品在每一位顾客的脸上都能呈现出最完美的效果，也无法保证物流送达的具体时间，做出保证只会让买家抱有过高的期望，一旦没有达到实际效果，买家会产生巨大的心理落差，甚至引起不必要的纠纷。

（6）换位思考

一定要多替顾客着想，甚至可以换位思考，把自己想象成顾客，看看自己希望获得怎样的服务态度，并尽最大的可能让买家得到实惠，花费最少的邮费，这些都会让买家感受到你的诚意，成功达成交易。

（7）懂得询问与倾听

当买家选购商品时，客服人员可以进行适当的询问，了解买家购买商品的用途，例如是自用还是送礼，从而给出合理的推荐。对于买家的询问，一定要耐心倾听，不要不耐烦，给出让买家最满意的解答。有时候，买家的一个小小建议甚至能对店铺起到很大的帮助。

（8）热情耐心

有些买家会提出许多问题，一定要进行耐心解答。有时候，提问多的才是真正的买家，即使买家在提出许多问题以后放弃购买，也不要抱怨，做出"欢迎下次光临"的态度，给买家留下一个好印象。

对于买家的砍价，也应给出耐心的解答，告诉买家不能砍价的原因。如果可以做出适当让步，就要尽量给买家一定优惠，让买家尝到甜头，也许还会再次购买。

图书在版编目（CIP）数据

学点用得上的销售常识/张群著.—北京：
中国华侨出版社，2016.8

　ISBN 978-7-5113-6221-6

　Ⅰ.①学… Ⅱ.①张… Ⅲ.①销售－方法
Ⅳ.①F713.3

　中国版本图书馆CIP数据核字（2016）第194324号

学点用得上的销售常识

著　　者 / 张　群

责任编辑 / 文　喆

责任校对 / 高晓华

经　　销 / 新华书店

开　　本 / 670毫米×960毫米　1/16　印张/18　字数/260千字

印　　刷 / 北京建泰印刷有限公司

版　　次 / 2016年10月第1版　2016年10月第1次印刷

书　　号 / ISBN 978-7-5113-6221-6

定　　价 / 35.00元

中国华侨出版社　北京市朝阳区静安里26号通成达大厦3层　邮编：100028

法律顾问：陈鹰律师事务所

编辑部：（010）64443056　64443979

发行部：（010）64443051　传真：（010）64439708

网　址：www.oveaschin.com

E-mail：oveaschin@sina.com